三十七道品讲义(下)

释证严 讲述

复旦大学出版社

目录

前言 ... 001

三十七道品纲目

自序

出版说明

四念处篇

观法无我 ... 030
观心无常 ... 026
观受是苦 ... 016
观身不净 ... 003

四正勤篇

已生善令增长 … 065

未生善令生 … 062

未生恶不生 … 060

已生恶令断 … 058

四如意足篇

慧如意足 … 071

进如意足 … 070

念如意足 … 069

欲如意足 … 068

五根篇

慧根	086
定根	092
念根	100
精进根	104
信根	112

五力篇

慧力 137
定力 141
念力 153
精进力 163
信力 178

七觉支篇

本篇总结	296
念觉支	287
定觉支	288
舍觉支	279
除觉支	269
喜觉支	258
精进觉支	213
择法觉支	210

八正道篇

正定 … 438
正念 … 441
正精进 … 416
正命 … 429
正业 … 420
正语 … 386
正思惟 … 385
正见 … 324

附录

慈济志言 … 490

七觉支篇

- 择法觉支
- 精进觉支
- 喜觉支
- 除觉支
- 舍觉支
- 定觉支
- 念觉支

世间无常，国土危脆

有一年夏天，天气非常炎热，我们在花莲觉得无比闷热，而根据气象台的报告，台北的温度比全省各地都还高，已达三十七度，这的确是非常酷热。台湾地区可说是四季如春，寒暑温差不大，但是国外的气温就没有那么平均了。例如意大利，由于热浪侵袭，热死的人已逾两千多人，而其气温竟高达四十几度，这真是不适合人类生存的环境。

电视新闻也报导巴黎由于天干物燥，到处发生火灾，山林一片火海，惨不忍睹，而都市大城内更是火灾连绵。加拿大近日同时产生七股强烈龙卷风，屋舍田园瞬间被破坏无遗，损失惨重，伤亡人数更不在少数。中国大陆也闹水灾，一片水乡泽国，见不着陆地，死伤者不计其数。

我常常提起世界各地的种种灾害，就是希望大家时时警觉人生无常。而且，不只是人的生命脆弱，事实上，宇宙之间的山河大地，无时无地不隐藏着危机，这就是天灾。我们生活在安全舒适的环境里，却常常不知爱惜这平安自由的生活，真是可惜。

人命之危，在呼吸间

有一天晚上，台南发生飙车惹祸的暴力事件。大马路的两边挤满了一大群围观的民众，几千人以看好戏的心态，等着那些用生命做赌注的飙车骑士表演飞车。警察人员为了取缔飙车行为，出动警车拦阻，却引起那些年轻人的不满，以飞车去撞警车，结果造成三名骑士受伤。

一些旁观者见状，就趁机惹是生非，跑到交通警察大队去捣毁警车，并泼汽油加以烧毁，而且还煽动其他人丢砖块石头，将交通警察队部砸毁；结果火势蔓延，殃及无辜民房。这些暴力行为，真是令人痛心疾首！他们实在是人在福中不知福，住在如此安和乐利的地方，却不懂得知福惜福，反而招惹这么多烦恼祸端。无辜民众的房屋家产竟被他们烧毁，而维护民众安全的警车，是保障人民生命财产最快捷、最机动性的交通工具，每辆车的价格都非常昂贵；这些年轻人真是太不知轻重，竟烧毁、破坏国家公物。

每次看到这些无知的年轻人与盲目的群众不能安分守法，不能与治安机关相互配合，实在令人觉得悲哀！不只台湾如此，全世界都有人类造成的悲剧灾祸。像沙特阿拉伯的城市麦加，是回教徒的圣地，每年都有成千上万的教徒来此朝圣,举行各种仪式及庆祝活动,曾因朝圣引发冲突,在混乱中被踩死的就有两千多人,其他受伤的人数更是无法计算。同是一种宗教,有的团体却彼此对立、互相残杀,这到底是为什么呢?

每一种宗教都是为了教育众生而出现人间,是要安抚众生疯狂的心态,引导众生得到心灵的平静,安分守己,过着安居乐业的生活,这也是世人需要宗教的原因。如果不认识宗教而惹事,还情有可原;但是宗教与宗教之间若动起干戈,就令人觉得悲哀了。

看看现今的社会,实在令人痛心啊!虽然我们人微言轻,无法影响整个国际社会的人心形态,即使如此,我们仍然要善尽本分、守好规矩,爱惜自己目前平安幸福的生活。佛法教育我们时时居安思危,虽然今日处在平安的环境中,仍然要时时刻刻谨慎小心,预防灾害的来临;若能如此,就是所谓的"君子有终身之忧,而无一朝之患"。

真正的大道是菩萨道

三十七助道品中的四念处、四正勤、四如意足、五根、五力前面都解说过了,佛陀担心大家不会选择、不知如何应用,所以又苦口婆心地为我们分析日常生活选择应用的方法,那就是——七觉支。

觉即觉了,谓觉所修之法,是真是伪也。

《摩诃止观》云:修此七觉,即得入道也。

大乘三法,善为抉择

"七觉支",也有人称为"七觉分";"支"是支派、派别,"分"是分别、分门别派之义,"觉"是觉悟了知。过去懵懂不觉,在人世间迷茫无知、懵懂度日,然而有幸能得到佛法的教育,所以应该自我警惕,善加拣择我们所信仰的宗教是否正确。

我们选择佛法绝对正确无误,佛陀的教育可以使我们超越生死,洗涤心灵上的烦恼。现在所谈的"觉",就是了解的意思,在未了解之前是懵懂不觉,既然做了选择,就要了解自己所选择的道路与修行的法门是否正确。

"所修之法,是真是伪",就是分别自己所修的法是正确或错误。佛陀的教法分为三乘——小乘、中乘、大乘。小乘法是独善其身者,依靠已了解佛法的人来教育与自我反省后,选择厌世的消极方法来独善其身,就是小乘法。

还有一类是比较聪明的人,他用眼睛观察、用智识分析社会形态,并且能深深体会佛陀的教法而闻一知十。除了听闻佛陀的教法，也用心观察社会，更深入契悟佛法，这就叫做"中乘"；他的智慧比小乘者更高一层，因为小乘者步步要听从别人的教法，根机较迟钝，而中乘者能闻一知十。"中乘"，也可以称为"缘觉乘"——缘着外在社会或宇宙自然间四季轮替的现象，而了解世间的道理；能够观察人的生老病死，而深深体会到人生无常，然后自觉真理，专心修行。

另一种是"大乘"，这是大根机之人。其根机非常卓越，虽然身处于五浊恶世，面对外界六尘的一切景象，内心却能深深体会人生的苦难，不为自己的利益着想而投身于人群，即使牺牲自己也在所不惜，一心要"上求佛道，下化众生"，这就是菩萨的精神——一面精进求道，一面发挥自己的功能。"上求佛道"是显现自我的心灵、启发良知;"下化众生"就是发挥自我的良能。像这样就是大根机、大乘的菩萨道。

同样是佛弟子,却有这三种类型,我们应该善加分别、慎重选择。佛陀示现人间是为了救度众生,我们既然是佛弟子,应该学习佛陀的"心"——佛心是大悲心,他爱护众生是发自"同体大悲"的心。

我们既然学佛,就应该要学佛的这分心。真正的大道是菩萨道,不可独善其身、懵懵懂懂,浪费时光,虚度人生。

七觉支篇·之一

择法觉支

择即拣择,谓用智慧观察诸法之时,善能拣别真伪,而不谬取虚伪之法,故名择法觉支。

《摩诃止观》云:"修此七觉,即得入道也。"——我们若能了解这七种觉悟之道,所走的路就不会错了。这七种法中的第一种是"择法觉支";"择"即拣择、分别之义,也就是说运用智识、智慧,观察世间一切诸法,就能善加分别自己所修的教法是真是伪,不会错误地选择邪妄虚伪之法,这就是"择法觉支"。

不信仰宗教,错过了人生固然悲哀;但是若

选择了错误的信仰，则更加令人觉得可怜。我常说："迷信不如无信。"信了之后若生迷惑，想回头就非常困难；但是若能及时回头，则真正是大根机的人。

有一位小姐，她本来是一位传教士，自从接触佛教、听了佛法之后，在很短的时间内就进入慈济，参加联谊会，并且听了佛法开示的录音带后，就能很快地将佛教的教理与她过去所学的教法相互比较，而深深体会到佛法的道理圆融、佛教的教育彻底，所以在短时间内，毅然决然回归佛教的教法，从基础开始推究。她放弃了过去的传教士之职，下定决心入佛门，从初机开始学佛。

这就是对信仰的抉择，也可以说是"择法觉支"——选择自己要修的教法来修行。

还要懂得"居安思危"，人身难得、佛法难

闻,我们处于丰衣足食的环境中,要善加把握,无论多么辛苦,仍然要好好利用有用之躯,发挥一己的良能。虽然我们人微言轻,但是如果大家都安分守己,发挥功能,社会就会非常平安了。

看看现在的天灾人祸,实在令人惶恐不安,我们千万不要浪费时间,要好好把握人身,择法而觉知。

七觉支篇·之二

精进觉支

"不杂"名精,"无间"名进;

谓修诸道法之时,善能觉了,不行无益苦行,

而于真正法中,常能用心专一,无有间歇,

故名精进觉分,又名精进觉支。

以勇猛心离邪行、行真法,故名精进觉支。

"精进"——"不杂名精",也就是专的意思;"无间名进",没有间断称为"进",所以精进就是接连不断地进步。

"谓修诸道法之时,善能觉了,不行无益苦行,而于真正法中,常能用心专一,无有间歇。"

我们的心若能专一无杂念，力行正道而不间断，即称为精进觉支。现在的人想修行到心思专一无杂念，实在非常困难，为什么呢？因为追求的欲念太多，患得患失的心理也太强烈，所以心神自然不能专精。

譬如"学佛"，许多人都自称是"学佛的人"，问他学佛的目的是什么？他会回答："为求了生脱死！"求解脱就是他学佛的目标。前面说过，学佛有小乘、中乘及大乘三种类型。小乘者必须认真聆听别人的教法，然后依照其方法实行，一听人家说认真拜佛可得到"感应"，也不用心思考拜佛的目的是什么，便人云亦云，一味停留于拜佛求感应的阶段，这就称为"独善其身"的小乘者——为自己的得失着想，而不关心大众。

也有人说，学佛必须多念佛，念佛才能消一切业障，往生净土。却不知道念佛的真正意义是什么？也不知道除了念佛之外，还要表现什么外在的行为。

须知念佛的目的，是要扫除心中的杂念以及爱欲的心态，要念得使凡夫心转为圣人心，若边念佛边造口业，或一面拜佛、一面胡思乱想，那就是只听别人的一面之词，而没有深入探究学佛、念佛及拜佛的真正意义。这同样是患得患失的心态，因为他们拜佛与念佛的目的，只是为了求感应、消业障而已，却不知道应该修行正法、修养自己的身心。这样就会生出杂乱心；存着有所求、有所得的杂染心念，当然不能"精"了。

做善事能够持续无间断，也是非常困难的，多数人都是"一日暴之，十日寒之"，一颗种子放入土中后，必须依靠各种外缘——阳光、空气与水分等都要充足，才能发芽成长。

就像我们修行一样，修行心态与日常行为，一定要谨慎小心，并且连续不间断。但是不要误以为持念珠就是在"修行"，"修行"更不是每天跪在佛像前叩头礼拜，而是要善加注意自己的心行，时时刻刻合于法、合于道，这才是真正的修行。

何谓合于法、合于道呢？日常生活中的举止行为与待人接物之道，必须心行合一、言行一致，对待别人的面容态度，要常常表露出温柔、亲切的形色，时时保持微笑，这就是待人之道。说话要轻声柔语，这是表现内心的修养。绝对不可念佛时念得响亮和顺悦耳，而与别人讲话时却恶声恶气的，别人听了当然会不高兴。人心不喜则佛心不喜，所以与其念佛念得很好听，倒不如讲话句句入人心、顺人意，才是真正的修口业。

对待别人要殷勤、多帮助他人,不可光凭一张嘴,见大家辛苦工作,却不肯付出自己的力量,如此"见人苦而己受乐",就不是修行了。我们必须身体力行率先劳作,领导他人参与辛苦的工作,只要我们多付出一分力量,别人就可以减轻一分负担。所以,要常常抱着"愿代众生担劳苦,不为自己求安乐"的心理,这就是处世接物之道。

不论对人或对事,一定要抱持这种心态,这叫做"爱心、悲心",也可以叫做"慈心";若更不惜自己的身躯而付出一切,就称为"舍心"——总称为"慈悲喜舍"心;在日常生活中若能常常抱持这种心态,就是无间断的"四无量心"。如此,我们每一时刻、分分秒秒都在精进之中;时时抱持精进不辍的心,则人与佛皆大欢喜。"无间名进",我们的道心要连续不间断,这样才会进步。

善觉道法,不行无益苦行

"谓修诸道法之时,善能觉了。"——"修诸道法"即修行时的一切道法。道者路也,是佛陀引导我们走的正路。众生迷茫不得觉醒,佛陀一一为我们点化,知道过去是迷,现在要向清净的道路去实行,这就称为道法。

"善能觉了",既然在佛陀所指示的道路上行走,所做的一切举动及所修的一切心行,应该能常常善加分别,这叫做善能觉了——会分别好坏、正邪,明白何者该做、何者不该做。

"不行无益苦行",不要去受无益的苦。人身难得、佛法难闻,得了人身、听了佛法,就应该精确地选择正道去实行,不要盲目摸索,没问清楚方向就开始走;走了一段路后,觉得错了才回过头来。试问,人生有多少时间可以让我们走走停停,甚至走错路再重新开始呢?所以要慎重地选择修行的道法,并且马上去实行。

假如未能选择正确的道法,就会常常进进退退,永远像只白老鼠踏鼠圈一样,无法前进。你们是否见过一种圆形老鼠笼?只要一踩踏圆笼,老鼠就会不断地转圆圈。看看那些笼内的老鼠整天忙忙碌碌,一刻也没停止过;但是任其转了多少圈,还是在原地。我们修行绝对不能如此,必定要十分精确地选择自己应走的道路。

佛陀告诉我们,一切众生都有佛性,而学佛的目标是要达到圣人的境界,这中间的路程就称为菩萨道。能扫除人我之间的烦恼、是非,叫做断烦恼;有的人学习念佛,却无法断除日常生活上的烦恼。例如有一对学佛的婆媳,平常念佛时两人都很认真，但是没念佛时就无法和睦相处。这位媳妇非常用功，哪里举行佛七就去参加，东奔西跑，一回家就和婆婆比谁较虔诚。婆婆行动较不方便，因此心里想："既然不能和人家一起打佛七，就必须认真念佛。"于是在家里设佛堂，不断念佛诵经，而手中的念珠也让她数得光亮耀眼。

这对婆媳不在一起时，各自念佛；但是在一起时，就不断斗嘴。婆婆嫌媳妇的不是，说自己以前做媳妇时如何孝顺。媳妇就回嘴说："我已经不错了，三餐还会煮饭给你吃，你看看别人……"媳妇不断比较现在的年轻人如何如何，婆婆就比较她以前做媳妇的那一套；两个人观念不能协调，难免起争执、造口业。

一个家庭就因为婆媳问题而烦恼，孙子想到妈妈和祖母，儿子想到太太和母亲就非常忧烦。邻居劝解说:"你们是念佛人,就随和一点啦!"婆婆一听,竟然赌气地说:"念佛就不能计较,那我宁可不念佛、不学佛,也要跟她争到底!"平时她也常说:"要带业往生,赶快念佛,这样阿弥陀佛才会来接引我……"而无明火一起,却什么也不管了,像这样念佛又有什么用?

佛陀在世时,也有许多无谓的苦行者,例如修水行、火行以及断食行;而现在更有人说:"我是修行者,所以要过午不食。"加上平时便非常挑剔,这也不吃、那也挑剔,这样的人说要修行,结果修到连路都走不动,这并不是正确的修行。我们要好好照顾身体,随着现在社会工作的需要,消耗多少体力,就要补充多少营养;有充分的力量、充分的精神及智慧,才能解决众生的困难。所以,应该好好利用身体,把握时间发挥爱心。

学佛是要断烦恼,只要用智慧去分析道理,就知道真正的断烦恼是在人与人之间无计较;烦恼若不能断除,就是无益的修行。佛陀为什么示现人间?是为了教育众生,这是真正的教法,他希望我们成就什么样的形象,我们就应该赶紧力行,这才是正确的修行。

今日的辛劳,是明日的花果

"常能用心专一,无有间歇。"要常常用心专一,不可一曝十寒。有许多人还没进入静思精舍之前,都夸赞这里非常了不起,尤其自力更生的生活方式,是他们要学习的典范。等到进来一段时间后,有些人却觉得常住的工作太卑微,天天如此,实在是大材小用。殊不知,万丈高楼平地起,高楼华厦都是由地基开始建筑起来的;若无地基,根本无法建筑几十层的高楼。

慈济今天的成就,若欠缺精舍这种自力更生的精神,就不能踏实地发挥救人、救贫、救急、救病的功能。所以我常说,精舍的工作虽然很卑微,大家都很辛苦,但是慈济所有的成就,就是从这里起步的。

我们付出一分辛劳,就得到一分成果。每次我到医院巡视,总会问护士们:"辛苦吗?"她们就说:"今天好多人,好忙啊!"我一定在后面补充一句:"就是因为你们忙,才有好多人得救啊!功德无量。"如果她们在那儿闲着,就等于没有付出功能,病苦的众生也就无法得到关怀与救助。

相同的道理,精舍里每个人的辛苦就是修行,有昨日的辛苦就有今日的成果,这不是无益的苦行。我们过去虽然长期付出了辛劳,但是这分辛劳并没有白费,慈济今日已经有一分成就，而这分发心不是到此为止，必须继续下去，永不退转。我们还有比过去更浩大的工程、还有比过去更具意义的计划，例如：护理学校、医学院(注)……这都是我们为了将来千秋百世的志业而奠定的教育目标，所以我们要长期地努力下去。

"常能用心专一，无有间歇。"我们每天都是如此辛苦，没有浪费时光；这就是专心无间歇，也就是"精进觉支"。

以勇猛心离邪行

既然已经选择正确的道法修行，就要努力精进不间断，不可中途而废。

注：慈济护专与慈济医学院，已先后于一九八九年、一九九四年设立，并分别于一九九九年、二〇〇〇年改制慈济技术学院、慈济大学。

"以勇猛心离邪行、行真法。"精进就是勇猛,学佛乃大丈夫事,非大丈夫则无法精进于佛道之上,所以一定要提起勇猛之心。学佛的条件与慈济的志愿相同,必须具足三种心态——信心、毅力、勇气。有了信心与毅力,就有勇气发挥自己的良能。

看看现在的社会,有多少"勇夫"!青少年为了逞血气之勇,结果造成多少社会问题?例如飙车,就是社会治安最大的烦恼。台南发生飙车暴力事件,警察受伤的有二十多人,警车好几辆被焚毁,连警察局也被掷石头,甚至祸及无辜,好几家民房都被烧毁。

虽然屡次发生重大的事故,飙车之风仍然盛行,为什么家长们对这些自以为是"勇夫"的青少年一点办法都没有?现在的父母也是无可奈何!哪有父母愿意让自己的子女骑着疯狂的死亡之车,在道路上飞车奔驰?身为父母的人都非常担忧、伤透脑筋,却又无可奈何!

这种风气是谁造成的呢?除了青少年本身的心态之外,也受到社会风气的影响。青少年有一种心理,就是爱表现,而大堆围观的人则是爱看热闹,让这些青少年以为是非常风光的事,难怪会喜欢在大马路上疯狂大赛车。不只是男生飙车,连女生也加入这个行列;而且男飙车手还被封为"火狐狸",女的则被称为"火凤凰"。

这就是社会的病态造成青少年的心理偏差,真是很悲哀的情形。青少年有勇猛心固然好,却把方向走偏了;如果能将这种赛车的勇猛心与毅力,建立在正信的思想上与正确的道路中,发挥我为人人的精神,牺牲小我、献出良能,这个社会将会更加可爱、温暖。

有一年父亲节前夕,一位放暑假来慈济医

院当志工的大专学生,他跟我说:"师父,我今天要回家。"我问他:"你还没开学,为什么这么快回去?"他说:"因为明天是父亲节。"我一听,就叫他赶快回家与家人同享天伦之乐,让父亲高兴、快乐。他又告诉我想先到市区买些礼物送给父亲,我就说:"你只要带着一分爱心回去,把在这里所学的规矩以及柔顺的气质带回去,作为送给父亲的礼物,你父亲会比收到什么都欢喜、高兴。"

《论语》中有云:"子夏问孝,子曰:'色难'。"保持和悦的脸色最难得!如果能和颜悦色,使父母高兴,这就是孝。

"色"就是我们的行为态度,我们要时常面带笑容,父母说的话要欢喜顺从,让父母一看到我们的作为及态度就心生欢喜,做任何事都能使父母放心,这就是最大的孝。如果子女不守规矩、不温顺体贴，即使供应父母许多物质享受，父母还是会烦恼痛苦。

有的人甚至要去赌博，把赢来的钱买东西给父母，这是不是孝呢？这不是孝，这是错误的行为。子女赌博会使父母痛心、烦恼重重，哪能让父母安心呢？所以，内心真诚而表现出的行为，就是孝道最好的实践。

佛陀教我们做人的方法，是要先选择正确的做人道理；而学佛则要选择学佛的方法。选择正确道理后，就要认真地实践正道，不断地精进、不可停歇，这就是"用心专一，无有间歇"。要以勇猛心离邪行、行真法；过去有不好的习气、偏差的信仰、错误的行为，必须赶快回头、悬崖勒马；以勇猛之心远离邪行，以精进之心力行真法。

名利地位皆是幻

世间的万事万物,有很多都不是真正可靠的;不只是身外的事物不可靠,我们本身的心就很不可靠。

佛陀在世时,到处弘扬佛法,在他弘法期间,启发许多年轻人清净的本性而出家学佛。有一段时期,佛陀在王舍城弘扬佛法,其中有五十位很有名望的大长者之子,也来听佛讲经。

有一天,佛陀在王舍城内讲经,这五十位有身份、有名望的长者子也来听经。佛陀演说人生苦、空、无常、无我的道理后,深深感动了这五十位长者子,他们听完佛陀的分析后,了解人生所有的名利、声望、地位都是虚幻的,而且深刻体会到人身难得、佛法难闻,于是便相互鼓励、用心学佛,随后五十个人都弃俗出家了。

他们出家后,大家都非常欢喜,他们的父母、亲友表示要举行一个欢喜的庆祝会。于是这些富有的家族、亲友共同举行一场供僧大会,除了庆贺五十人出家外,又供养佛及众僧。佛陀和僧伽们受过供养后,佛就带领他的僧众回到耆阇崛山。出城途中,路边有一池污水,污泥上长满许多莲花,佛陀便说了一首偈文:

如人开田沟,接近大道边,

沟中生莲花,香洁可人意;

人有生死劫,凡俗茫茫然,

智者要出离,作为佛弟子。

阿难随侍在佛的身边,听在耳里,便记在心里。佛陀回到耆阇崛山,坐定下来,弟子们也跟着坐定。此时阿难就请教佛陀:"佛陀在半路上为什么说出这段偈文呢?"佛陀回答:"大多数的人都是心欲难断,这五十位初学的比丘,由于入佛门不久,又受父母、亲友们这分温柔亲情的影响,所以心念动摇,起了依恋难舍的心理。"

人的心念常常起伏不定,当初发了勇猛精进心而出家,如果家人殷勤地来探望,或是以利欲物质来附著,修行者常常会因此退失道心,这就是情难断、爱难舍,像这样便妨碍道心。这五十位初出家的比丘,由于亲友的那分爱念,使他们的俗心又再复发,佛陀知道这些人心念不坚定,所以说出这段偈文。

有情众生,十类烦恼

佛陀接着说,世人的烦恼很多,可大致分析为十类烦恼:一凶、二吉、三毒、四倒、五蕴、六入、七识、八邪、九结、十恶。

第一是"凶"——人命在呼吸间。任何时候只要一口气上不来,就结束了生命。只要到医院去看看,就会深深感觉人命无常。曾经有位委员的公公身体一向很好,却一点预兆也没有,就突然往生了!这就是人命在呼吸间。不仅人命无常,世间更有许多天灾、人祸。慈院的急诊处,一日之中,大约有十几人送来接受急救,医院闹血荒,一直呼吁大家尽快来捐血,就是因为许多人开刀动手术,急需输血。人命无常,故称"凶",它常常出现在我们的身边,无所不在,是人生最大的苦患。

再说"二吉"——吉与凶正好相反,顺利、欢喜的事情叫做"吉"。我们应该感到很庆幸,因为人身难得,而我们已得人身;又比别人更幸福,因为佛法难闻,我们也已听闻了佛法;"人身难得今已得,佛法难闻今已闻",这是很好的事,也就是佛法中所说的"吉"。

"三毒"就是贪、瞋、痴三种烦恼。人常常无法控制自己的心念，明明知道佛陀的教法是要洗炼我们的身心、净化我们的精神，但是仍然无法灭除贪、瞋、痴三毒，这是学佛者最大的遗憾。

"四倒"即是"常、乐、我、净"四种颠倒相反的说法——无常说常、不乐说乐、无我说我、不净说净。佛陀一再教示我们无常、苦、空、无我，这是世相的真理；而凡夫迷执五欲，误以为它是"常、乐、我、净"的境界，此为"四倒"。

"五蕴"就是色、受、想、行、识五种法。这些法一般人若无法深入了解及体会，必然无法摆脱这五种精神与身体上的烦恼。

"六入"，也称"六根"，是指眼、耳、鼻、舌、身、意。我们在日常生活中，精神常常会受到这六种意识的困扰而产生烦恼。

"七识"为前六识加"末那识"。

"八邪"是八种邪道，与"八正道"相反，包括邪见、邪思惟*、邪语、邪业、邪命、邪精进、邪念、邪定。

"九结"是九种使众生不得解脱生死的烦恼,有爱、恚、慢、无明、见、取、疑、嫉、悭等。

"十恶"是身三、口四、意三,总共十种恶业。口业有妄言、绮语、两舌、恶口;身业有杀、盗、淫;意有三种业,即贪、瞋、痴;合称为十业。

以上都是世人所谓的烦恼,学佛就是要灭除这些烦恼,好好把握人身,善加选择正法,才能把烦恼完全扫除。

智者思出离,要精进求道

所以佛陀说:"如人开田沟,接近大道边,沟中生莲花,香洁可人意。"人心中的烦恼有很多,

---

* 思惟:即思维。——简体字版编辑注

有如大道边的田沟，田沟中有许多污泥秽物，若能在沟中生出莲花，则其洁净与芳香能盖过那些污浊之物。好比我们的亲族中若有一人发心修行，就像是污浊的烂泥中长出的莲花，香洁美丽，令人生欢喜心。

有句话说："一子出家，七宗八祖能超生。"家中若能有一人出家、勤修梵行，不只能度化他的家族，还能净化社会人心。所谓"莲花出污泥而不染"，尽管社会是这么污浊，依然能长出香洁的莲花，而且只要有莲花，就能净化社会的恶浊。所以我们要多多发心、身体力行，出离污浊，培养内心洁净清香的莲花。

"人有生死劫，凡俗茫茫然；智者要出离，作为佛弟子。"佛说人人有生死之灾难，有生必有死，凡俗之人无法觉察人命无常，而智者就会有追求正道的心念。所以说"智者要出离"，我们要好好立心出离污浊，这样才能真正成为佛弟子。

身为佛弟子，就像从污泥中长出来的莲花一样，一定要善加守护这分出污泥而不染的清净心。佛陀为五十位初出家的弟子说此偈文，就是要鼓励他们坚定信心、提起勇气，以无比的毅力割爱辞亲、弃俗离欲。佛陀的教育就是"观机逗教"——先观察了解众生的心态，然后就地取材，以所见的外在景象作为施教的素材。

学佛者必定要知道，佛陀的教育决不是玄疑惑众的道法，而是生活中最平易近人的教育。学佛不可心有所求、求于外境，一定要求于内心、净化心灵，选择正法好好精进，不可间歇，这就是"正精进"，也称为"精进觉支"。

七觉支篇·之三

喜觉支

人心有时候会失去正念,连佛陀在世时,一些初出家的比丘都会心念不坚,意志动摇,何况距离佛世两千多年后的今日!人的心念是否永远可靠呢?世间万法不是永恒不变的,而我们自己的心念更是时常变动,所以大家必须非常谨慎。我们择法、学法、努力精进,若能得到正法,适合自己的根机又配合时机,两者相互契合,就能得到法喜。

喜即欢喜,谓心契悟真法,得欢喜时,善能觉了。

此喜不从颠倒法生,住真法喜,故名喜

觉分；

又名喜觉支。心得善法，即生欢喜。

"喜即欢喜，谓心契悟真法，得欢喜时，善能觉了。"——我们有心求法、学法，有时候会生烦恼心，在未知佛法、未求佛法之前，虽然在迷茫中醉生梦死地过日子，反而不觉得有烦恼。因为这是烦恼中的烦恼，所以沉迷不觉，是凡夫中的凡夫，故不知凡夫的愚痴；若能认清这些都是愚痴的行为，就会觉醒并寻找觉悟的真理。

在追寻的过程中，有各种的宗教教育让我们选择，千头万绪，到底什么样的法才是正确无误的真理？在不得明辨之时，当然就会有烦恼。我们若能静心观照、在烦恼中悟到真理，则能去除烦恼，法喜充满，得到解脱。

何谓真理？理与事能配合，事理相融，才是

真正的道理,有理缺道,那也行不通。初学者像个迷路的人,若能找到正路就会觉得有信心,不再仓惶失措、忧虑恐惧;从起点迈开大步向前行,心情会更加安定平稳,因为方向正确,不会再迷失,而且内心会产生一股永无歇止、不断精进的意念,路途上的风光更令人感到一分踏实的欢喜。

"心契悟真法"——所谓的真法是有理有道的。世间有许多虚幻的法理,听起来非常深奥,难以了解;难解就难行,难行难解就是虚渺,所以有理也行不通,这不是真正的妙理,只是文字上撰写记载的文学。

有些人无法真正了解何谓"佛道",所以会对佛教产生两种误解——一种是形象的曲解:有些道场(未必是佛教道场)常常举行法会,配合时节而有各种礼佛、拜经、拜斗(道教仪式)、点灯等仪式,一般人不知其所以然,就将佛法与民间信仰习俗混为一谈,把佛法曲解为迷信。这就是因为一些道场的形象,引起人们的误解。

另一种是学术上的曲解:一些有智识的人,将佛教经典文籍做了一番研究,愈深入探讨,愈觉佛法深奥,就愈认为这不是人力所能办到的事,因此对佛法敬而远之,觉得佛教的道理太高深,而佛陀的人格已经脱离人间现实的生活。虽然佛陀的教理很好,他们还是认为这不是人所能做到的,因此敬而远之。

有心求法的人,大致有此两种心态,想选择佛教为终身的志业,却犹疑不决、徘徊不前。若是误解佛教只是为生活而举办法会,他就会却步了;或是想全心研究佛法,又觉得佛教的法理深奥高远,难以理解,这样是不是很烦恼呢?

佛教精神的复古

佛法是人生最平实的教育。有一天,一位委员带她先生来,我问他:"太太最近来医院当志工,是否给家里带来许多不便?"他回答:"家里固然需要太太,但是社会更需要她,在家里她照顾我和几个子女的生活,在外面却可以服务许多需要帮助的人,非常值得啊!"我称赞他真是功德无量,他答:"师父,这要感谢您让我看得开,过去我很反对太太信佛,而且还觉得佛教根本是迷信,我反对她如此迷信使全家阴霾重重,夫妻、母子之间,似有一种无形的隔阂存在。"

我问他现在的情形如何?他说:"已经拨云见日,完全不一样了!只要是来慈济,我和子女们都举双手赞成,我更觉得太太能为人群献出爱心,实在很光荣!因为太太受了慈济的教育,她会安排自己的时间,在出门前,必定先把家事处理得有条有理;回来之后,还会巨细靡遗一五一十地告诉我,师父开示的内容,使家中充满慈济精神与宗教气氛。"

我心怀感激地说:"真难为你了,能够有此深刻的体会,如此支持我。慈济有今天的成就,除了感谢委员的努力外,更感谢委员们的先生。因为我固然需要委员的帮忙与支持,但更顾虑到她们的家人是否肯谅解、鼓励和合作。"他说:"应该是我们要感谢师父。师父倡导正信的佛教,提升佛教的教理,使人们对佛教的看法完全改观,我们全家人信仰一致,上下和谐,所以应该感谢师父。"

我说:"我只是复古——回复到佛世时代而已。今日的'慈济精神',完全是佛陀在世时的教育内涵,佛陀在人间教导众生,是日常生活中人性的教育,他教育弟子如何处待人事。处事的方法是减轻物欲;待人的原则是看开人我之间的是非,这就是心灵的修养。佛陀带着弟子四处说法,配合当时的社会背景及生活形态来教导众生。"

而今日的慈济也是以现代社会的背景、形态及需要,来启发人心,使人人看开物质的享受,开启良知、发挥人性爱的光明,这就是慈济以佛教精神从事社会工作的功能。所以,我只是复古,回复佛世时的生活与教育,阐扬原始的佛教精神而已。"

学佛要注意道与理、人与事,理事必定要圆融。若有理而无道,只说出理的原由,却不开条道路来行走,就无法真正体会"理"的境界;要真正身体力行,才能欣赏沿途的风光景色而心生欢喜。所以才说:"得欢喜时,善能觉了,此喜不从颠倒法生,住真法喜,故名喜觉分。"

我们体悟真法时,能得到欢喜,甚至能体会出这种欢喜心绝非颠倒法所生,而是正法所生的法喜。"正法",如"八正道",以及之前解释过的"五根、五力、四正勤、四如意足、四念处",这些法都是佛法的根本,是佛法中的正道。我们若能深刻体悟这些理法,并能与日常的生活融合,就称为"正法"。

我们平时的生活、行为举止,若能与这些道理相融合,就不会起烦恼,甚至能产生欢喜心,这就是"住真法喜"。就如刚刚那位委员的先生,虽然口头上不曾挂着我是佛教徒,我要去拜佛、研究佛法……但却非常快乐欢喜。自从太太认识"慈济"后,带回慈济的教育,使他感受到佛教的道理而起欢喜心,并且愿意让太太花半个月的时间到花莲当志工、半个月留在家里;而在家里的半个月，还必须时常外出收慈济的善款。

像他这样就称为"妻子施"——不把太太占为己有，而且鼓励妻子从事正当的兴趣与工作，使妻子的良能发挥更大的作用，他所得到的就是心灵上的法喜。

以人事自我磨练

即使我自己身心憔悴，但是一看到医院中的患者得救，便无比欢喜，忘记疲累与辛苦。有一天我到医院的复健室慰问病患，有两位老人在做复健治疗，其中一位是慈济委员的公公，从台东来到这里就医。听说他的脾气很不好，罹患中风、行动不便，家人就送他到慈院做复健治疗。

第一天进入复健室，医师指导他如何提脚、

放脚,如何用手握住铁杆才能站得稳,他完全不合作,到后来甚至发脾气,对妻子和儿女说:"我要回家了!我不做行吗?"他大发雷霆,并要强行出院。

另一位也在复健的老先生,他妻子正在帮忙他做复健,她看到委员的公公要出去,就把他拉回来,对他说:"你不能回去,一定要留下来做复健治疗。"这位老先生正怒气冲冲,她也不管他发脾气,仍继续说:"罹患这种病一定要复健,你看看我先生,他在床上躺了两年,连大小便都不会,也不会端碗吃饭,所有的生活起居都必须由我照顾,我就这样侍候他两年,两人都觉得很苦。但是他来到这里之后,经过复健师的指导,自己又很合作,短短半个月的时间,已经会坐轮椅,能从床上坐起来了。"

这位从台东来的老先生,就这样被她硬拉

回来,无可奈何地继续接受治疗。结果,入院第三天,他竟能用手握住床两边的铁杆了,复健师又抱住他的腰部,教他把左脚抬高、再抬高,然后数一、二、三、四、五,才叫他把脚放下来,我在旁边帮着数一、二、三,数到四的时候,叫他还不能放下来,他的脚在空中停留一下,看他好像做得很吃力,几乎要发脾气,我赶紧称赞他:"老先生,你好棒,不久你也会和那位老先生一样地活动,你进步很多了!"他听了非常高兴。

每当看到医院那些逐渐康复的病患,就觉得非常欣慰,这应该可以说是"法喜"。虽然过去如此辛劳、忙碌,为了慈济的工作、为了建院计划,尽管有许多人事的纷扰,但是看到这些病患离苦得乐,就觉得无比欢欣,这种快乐就叫做"法喜"。

我认为学佛就是要发挥这种功能,人应该

不怕辛苦，才能为大家服务，使许多人得到快乐；看到众人得救、皆大欢喜，内心的那分法喜，不是单从文字上去了解就能体会的。若光从文字上了解，碰到现实的人事问题时，还是会生烦恼心，若能以真正的人事自我磨练，以勇气冲破障碍，而使别人快乐、得救，那种心灵上的喜悦，不是言语所能形容的；所以说"住真法喜，故名喜觉分"。

心得善法，即生欢喜

修行并非逃避现实、离开人群。修行应该忘记自己的利益得失，不计较自己是否能得到解脱，总是以众生为重，关心众生是否能离苦，这样才是真正学佛的精神。每个人的身体都有活动的功能，心灵中都有纯善的良知，若能为众生奉献，发挥良知与良能，则无数苦难的众生皆可得救。

"心得善法,即生欢喜。"——在佛法中,若只有文字上的研究与口头上的辩论,绝对无法发挥任何功能,我们若想真正得到心灵上的法喜,必定要靠长时间身体力行。心中有纯良的种子,一定要把握因缘时机,赶紧种入土中,并且要耐心灌溉、照顾才能成长。若一暴十寒,即使再优良的种子,也无法发芽生根,成长茁壮。

例如松柏,是最健壮的木本植物,许多人将它移植用作盆景,当成室内的摆饰。松柏之类的盆景看起来非常苍翠美丽,气势壮观,但是不久之后,根就败坏了,松针枯黄掉落,恹恹无生气,这就表示树没有滋长的"缘",所以会慢慢衰败。

学佛就是要把握因缘,好好保护善的种子,有好的因缘与善的种子,"根"与"力"才能健全。

菩萨精神永不退转

我虽然出家三十多年,至今仍然道心坚固,心不厌烦、志不退转,就是有欢喜心在支持。这分欢喜心从何而来呢?

初闻师训:为佛教、为众生,
即生欢喜,终此生而不忘。

我常说:"为佛教,为众生。"当初我的师父就是教诫我这两句话而已。我出家时经过许多波折,要入戒场时仍没有师父,直到要封堂时才找到师父,在非常短促的时间内礼印顺上人为师。师父只以这短短的两句话勉励我:"你既然要皈依我,就是我们师徒之间的因缘殊胜,由于时间不多,所以你要谨记我给你的两句话——为佛教,为众生!"

这就是慈济三十几年前的种子(因),我尊

奉师训，拳拳服膺，常常把这两句话牢记在心里，时时刻刻以这两句话发挥功能。不断地发挥、不断地连接，所以才有今天的慈济。

这就是学佛的选择，选择正道之后，一定要拳拳服膺。我既然下定决心，则终此生皆不忘师训，即使这一世"分段生死"的寿命结束，也不会忘记时时"为佛教，为众生"的志愿。有欢喜心，则志不退转、心不厌烦。在《慈济颂》歌曲中，有"菩萨精神永不退转"、"菩萨精神永不厌倦"的句子，这就是真正的欢喜心。

人格若成，佛道则圆

智信者深体佛法之精神，
迷信者曲解宗教之美意，
迷信则在宗教枝节上获得幻相，
产生无数烦恼，

故迷信不如无信，

信必须智信。

学佛一定要学得"转迷为智"，不可"以迷入迷"。"智信者深体佛法之精神"——一个真正有智慧的人，应该深刻体会宗教的精神，我常说佛陀示现人间，不是教人离开人性，而是要回归佛性。

现在有许多人信仰佛教，却误解佛陀的教法——人人都说世间无常苦空，所以要赶快修行，脱离六道轮回；以为入深山隐居修行或出家进寺院求道，才能够脱离生死，这都是偏狭的观念与思想。佛陀示现人间，目的是教导众生离开凡夫心，回归清净无染的佛性。

我常说："人之初，性本善。"人最初的善心、赤裸裸的本性，就是佛性，也可以说最初的一念心就是人的本性。人的本性是善良的，而众生心是受污染的习性,众生遍布在六道中。所谓六道,乃天、人、地狱、饿鬼、畜生、阿修罗,佛陀教我们远离三恶道内的众生心,回归到人之初的本性,人格若成就,则佛格圆满。有句话说:"人格若成,佛格则圆。"这就是佛陀的教导方式,所以智者要深体宗教之精神。

"迷信者曲解宗教之美意"——迷信的人常常曲解宗教高超的意义。佛陀设教于人间,以超然的教育引导众生,众生却常曲解教义,在旁门邪道中打转翻滚,无法走出封闭的硬壳,像蚕一样作茧自缚,这就是迷信者。

佛陀示现人间的目的,是教育我们如何做人,佛教的精神是要我们去掉消极的态度,迈向积极的人生。宗教必须在人间发挥效用,我们身为佛教徒,若给宗教带来阴森森的消极形象,就像草木在冬天受到风霜雪冻,无法欣欣向荣。

身为佛弟子,应该扫除阴冷的气氛,带来春的气息,我们要有温暖的心、温暖的手,创造积极的佛教,深体佛陀创教的精神,不可曲解佛陀示现人间的美意。

"迷信则在宗教枝节上易生幻相,产生无数烦恼,故迷信不如无信,信必须智信。"——迷信的人信仰宗教都追求幻相,这就是思想分歧,好像一棵劣质的树,枝叶蔓生,杂乱无章,若要照顾好这棵树,就应该将分歧的枝节修整完美,使树干健全生长。

现在的信佛者,有的会说自己坐禅时看到什么境界,得到很好的功夫,已经进入解脱的境界……精神完全执迷其中。这就是在宗教枝节上产生幻相,这是很危险的事。

其他宗教的信徒也是如此,以其信仰为终生的精神依靠,并不讲究自己的行为如何,以为信了就能上天堂,若不信就会堕入地狱,心生惶恐畏惧而盲目信从,像这样就是宗教枝节上的幻相。

我相信正确的天主、基督等宗教,只不过是在人间设方便教,引导人们建立博爱的精神,但是人们却无法体会其意义,舍本逐末。佛教徒也一样,佛教三藏十二部经,千经万论,无不是要引导众生走入"慈、悲、喜、舍"四无量心的精神,众生却也常将之曲解。这就是迷信之人在宗教枝节上的幻相,只想求自我的解脱,无法深体宗教本身的中心精神。

迷信不如无信

有位小姐和我到医院参观之后,一再对我说:"感谢师父,感谢您的指引。"这位小姐就是在出家或在家修行的抉择间,徘徊犹豫了七八年。想出家修行,却看到许多令她失望惶恐的事;不出家又觉得很不甘愿,因为人身难得、佛法难闻,既得人身又闻佛法,不出家学佛实在是一大憾事。

所以这七八年的时间里,她一直很苦恼,不知如何是好,但是如今她却告诉我:"这两天听了师父的话,已经把七八年来的烦恼完全去除了,我现在已经了解佛教真正的道理是什么,知道如何取舍,也知道从今以后要选择哪一条路,现在觉得心中很坦然快乐。"

这就是法喜,真正体会佛法正道时所得到的欢喜,她能将埋藏多年的烦恼一扫而空,是因为已去掉迷执,体会正法。过去她在宗教枝节上取着幻相,自然会产生无数烦恼,在幻相中不停地追逐,更是苦恼,这就是所谓的"捕风捉影";怎么捕捉,怎么付出,都无法求得一项真实之物，当然非常痛苦。所以说，迷信不如无信。

我常常告诉大家，若要信则应智信，绝对不可捕风捉影。一天到晚忙忙碌碌，追求不实际的东西，根本就是徒劳无功，何不放弃这种追求的烦恼，回到现实生活，踏踏实实地面对真正的人生，献出我们的良知、良能。若能如此，即使再辛苦、忙碌地付出，所得到的也永远是甜蜜快乐的感觉。

七觉支篇·之四

除觉支—轻安觉支

要回复原来清净的本性,必定要扫除种种烦恼。

断除诸见烦恼之时,

善能觉了,

除去虚伪之法,

增长诸真正善根,

故名除觉支。

所谓"断除诸见烦恼",是说种种见解、烦恼都要将它扫除、断离。烦恼即是心所生起的喜、怒、哀、乐,世间人每当发生事情时都会生烦恼,烦恼是世俗的粗相,是患得患失之心。

烦恼常在得失间

富有的人患失,经商的人也患失,怕失去钱财、怕生意失败,失去赚钱的机会,这种患失的心理就是烦恼;地位愈高的人,患失之心愈重,时时刻刻都害怕失去权势与地位。子女多的人也有很多烦恼,希望子女学历高,却又担忧台湾升学压力大、竞争激烈,于是将子女送到国外求学。一个家庭,家人各分东西,顾此失彼,这也是烦恼。

有钱、有地位、有子女的人,患得患失;没钱、没子女、没地位的人,一样有患得患失的烦恼,整日想着如何赚钱,怎样得到子孙,怎么求取名利地位……总之,不论是拥有或缺乏的人,都会有患得患失的心理,这就是世间人的烦恼。

学佛者的烦恼和上述的情形不同,比如:起心动念的烦恼;种种烦恼非常微细,心思不能专一是烦恼,"昏沉"、"掉举"也是烦恼。

何谓掉举？就是在拜佛、打坐、诵经时,精神不能集中,老是向外奔驰,这叫做掉举。有些人别人在诵经,他眼睛就慢慢阖起来,最后便睡着了。常常有人念经念到瞌睡昏沉,这也是一种烦恼。

平等大爱,不是宠爱

烦恼有粗相的烦恼,也有细相的烦恼,无论是世间的烦恼,或是佛法中所谓的烦恼,既然学佛求道,就必须将其一一断除,训练心思安然自在,无有喜、怒、怨、憎、爱的分别,要有平等的爱念;有平等的大爱就不会生特别的爱意,也不会起特别的怨恨心,就能心情平静,去除欲念,也不会产生患得患失的恼乱心,所以我们必定要好好断除这些烦恼。

有的事情该发生的就会发生,要以欢喜心去接受;不该得到的,也不必刻意去追求,如此,便可安然自在、断除烦恼,达到这个境界,就称为"善能觉了"。

"善"字的意思是适度、刚刚好,不偏不倚、不极端,在人与人之间没有分别心,对自己所爱的人,能以智慧断除占有的感情,对自己不爱的人或不投缘的人,能尽量善解,以好的心念去对待。若能善解善恶,好好分析所爱所怨的人事物,就可以做到怨亲平等,这就是"善解"。

一切的法,是用来修心,一切的物质,是用来帮助生活;"足心之物",是指任何物质只要能应付其用途,就应该心满意足。例如居住的地方只要能避风雨;穿着的衣服只要夏能蔽体、冬能保暖;吃的食物只要营养充足,就应该觉得满足,以知足之心来看待世间物质,也可以称为"善能觉了"。

若能看透世间的物质与爱欲,自然能"除去虚伪之法"。一切的虚伪都是起于欲心染著,为了求取名利,所以不得不虚伪;若能够用坦然的心态来接受日常的现实生活,就不必以虚伪之心去对待他人。

学佛者必定要时时秉持诚实的心理,这样才能去除虚伪,除了平时要去除虚名与虚利之外,所求所学的法,一定要合于日常生活的需要,在现实的人生里踏踏实实地发挥自己的功能,这才是真正的实法。绝对不可迷信,在宗教的枝节上求取幻相;应该在踏实的人生中体会佛法的智慧,如此则法不虚伪。

除了学习实际的教育之外,最好能以身作

则,将自己的经验及所了解的道理教导他人,这就是"除去虚伪之法,增长诸真正善根"。虚伪的法若是去除,真正的善根就能生长起来,这就叫做"除觉支"。

能除烦恼,便得轻安

"除觉支"也可以称为"轻安觉支","除"是"除去烦恼",烦恼去除之后,就能得到身心轻安。

谓断身心粗重烦恼,

使身心轻利安通,

故名轻安。

如何才是学佛最上乘的境界呢?身心轻安就是最高的修行境界。并非在打坐时看到佛、菩萨,看到什么西方的境界,就是入禅;打坐是为了定心,心若能定则轻安;身心轻安、无有粗重的烦恼,就是我们用功的最上乘境界。

所以《止观》中说:"法界次第,名为知觉。"法界即十法界,修行时,若能自地狱、饿鬼、畜生一直往上精进,达到佛的最上乘境界,必定已将层层的烦恼除掉,因此"轻安"又名"除觉支"。

断身心粗重烦恼,即断身、口、意的烦恼。身有三种烦恼业——杀、盗、淫;口有四种烦恼业——妄言、绮语、两舌、恶口;意也有三种烦恼业,叫做贪、瞋、痴,这十种烦恼现形出来,就会造成十种恶业。我们学佛就是要好好去除身、口、意的十种烦恼,才能免除十恶重业。

一个老比丘的故事

佛陀在世时,循循善诱地教育弟子,细心耐心地开导众生。尽管如此,与佛陀同世的人,有些还是很愚钝,不容易接受佛陀的教育,觉得佛陀的教理很难体会。

佛陀在世时,有位比丘年纪很大,跟随佛陀已经好几年,仍不能把佛陀的教理深植于心,精神无法专注,有时昏沉、有时掉举,打坐时,常常打盹睡着,心思散乱不专。

有一天佛陀看到他,就问他这几年来的修行心得,他很坦白地向佛陀说:"一无所得。"佛陀非常慈悲,特别将两句偈言传授给他:

守口摄意,身莫犯非,

如是行者,得度是矣。

并嘱咐他牢牢记住,要常常守口摄意,守好身业和口业;时时专心,统摄意念,守好意业,决不可犯非法之事;若能善加修行,注意身、口、意,必能得度。

这位老修行者得到佛陀的开示后,就专心一意,反复背诵这两句偈语,心惟口诵,背得非常纯熟。有一天佛陀又遇见他,便问他:"有没有背熟?是否了解?"他说:"我虽然已经背熟了,却不明白其中的含意。"

佛陀就为他开示:"人的烦恼都是由身口意而来,身口意会造作十恶业,修行应该好好观察身、口、意,时时照拂我们的心念,心念一起就赶紧自我警惕,这样就可做到'意起则灭'。心起贪欲时,若不尽速灭除欲念,身体马上会发出行动而造业;心生瞋恚时,对人就有怒意、怨恨,口便会随之造恶业。"一切的行为、造作,无不是从心而起,所以佛陀教他要好好守持身、口、意。

此时,这位老修行者真正心开意解,原来佛陀所说的法都是在教导我们身不犯错、口不造恶、意念清净,这就是所谓的"轻安",如此即可得道。

当初佛陀在世时,除了比丘僧团外,尚有比

丘尼的僧团,比丘尼在另外一所精舍修行。那时有一个五百位比丘尼的团体,佛陀为了传授她们教法,每日派遣一位已开悟的老比丘前去为她们说法。当这位老修行者开悟后,佛陀便派他去教导那些比丘尼。

众比丘尼知道他过去非常愚痴,佛陀讲授教法时,他总是在打盹,不知佛陀为何忽然派他来?大家都在暗地里议论纷纷,最后商议说:"好吧!佛陀既然派他来,我们就好好地作弄他,以各种问题来刁难他,让他出糗。"

隔天,他来到比丘尼的精舍,那些比丘尼见到他来,都以八敬法的形式迎接他。表面上恭敬地接待,供养之后,就请他上座说法。老修行者便为她们开示佛法,出乎她们意料,这位比丘竟能将佛陀传授给他的几句偈文,发挥得淋漓尽致,把防范身口意业的佛法阐述得非常透彻,使那些比丘尼连反驳的机会都没有。

他安然自在,以这首简单的偈来说法,说服那些原想刁难他的比丘尼。过去佛陀派遣许多比丘去教导那些比丘尼,都无法真正调伏她们,而这位老比丘经佛陀的特别开示后,拳拳服膺诵持一偈,因而说服五百比丘尼,这就叫做心专意解,去除了烦恼,得到身心的轻安。

所以教法不必听太多,能身体力行的就是真法,就是真正的善根;能够使人除去烦恼的教法,无不是产生善根的真正妙理。

七觉支篇·之五

 舍觉支

人身有地、水、火、风四大元素，凡生老病死都由这"四大"变化组合而起。"四大"调和，身心才会正常，我们求法也是一样，必定要求得心念平稳均衡。

舍离所见念著之境，

善能觉了，

虚伪不实，

永不追忆，

故名舍觉分。

"舍"是舍离，舍离所见念著的境界。日常生活中六根与外界的六尘接触，产生了意识的

念著,就是所谓的观念。例如眼睛看外面的境界时,眼根与外界的色尘接触而产生心念,这就是念著。日常生活中与外界尘境会合的心念,常常无法抹除,这就叫做执著的心。

亲情也是烦恼之根本

以现在的社会形态来说,许多人有追求的欲念,心向着财、色、名、食、睡不断地追逐,有的年轻人血气方刚,没有机会接触好的环境及善事,便容易受到诱惑而做坏事。为人父母者,为了子女无正当职业,就已经很烦恼,而子女又行为不端,更令他们痛苦、难堪。

报上有一则新闻,刊载飙车青少年的父母心态有三种类型——

有一位父亲得知儿子某晚要在台南一处宽广的道路上飙车,当天黄昏便提早到现场去,手中提了一个袋子,站在路中央等他儿子。等那些年轻人都到齐时,他就仔细寻找儿子,好不容易找到了。他一看到牵着机车的儿子,就跑到车前,一把抓住儿子的衣领,然后从布袋中拿出一把菜刀问儿子说:"你要命还是要玩?你若要玩就没命,你若要命就别玩,看你要不要跟我回家?"这位父亲为了爱儿子,只好出此下策,这是一位父亲的烦恼心态。

另外有位妇女的儿子,在飙车时与人相撞受伤,一听到自己的儿子受伤入院,就赶紧到医院照顾他。幸而只是受了轻伤,许多人不断责备他不该赌命、不该飙车,但是这位母亲一到病房就把众人请走。

她一面拿毛巾擦儿子的脸,一面抱着儿子,表现出慈母万般的爱心,一边泪流满面。这是父母的另一种心态,这位母亲并不责怪自己的儿子与不良少年厮混、扰乱社会，一句重话都舍不得说。

还有一位也是慈母型的。她一看到儿子骑摩托车，就双脚跪下，将儿子的车拉住，对他说："儿子！你是我的心肝，你不要去，万一撞到人或被人撞，妈妈的命会跟着你去！我的心会碎掉，求求你不要去啊！"

这也是烦恼，子女们不能了解父母的爱心，却以血气之勇在社会上表现所谓的"英雄"、"勇夫"，这是年轻人本身的迷茫，连带使父母为心爱的子女生起烦恼心，这些都是现在社会上的烦恼形态。

心病还需心药解

过去的人极有孝道的观念，"父慈子孝"的伦理观念很深厚，而现代的社会已不如往昔，娶了一位媳妇等于嫁出去一个儿子。家里的子女未娶未嫁时还能共享天伦之乐,等到男有分、女有归时,就只剩下两个老人作伴,万一其中一人遭逢不幸,便只剩下一个孤单的老人,当病痛身苦的时候,不知有谁来看顾、谁来关心?

若是看得开、想得透的人,就不会觉得烦恼痛苦,认为来人间做人,高高兴兴地来,欢欢喜喜地做,只有付出不求代价,便能心满意足。有的人子女不孝,以致孤老无依,身体又有病痛时,心里就会想:过去自己多么疼爱子女,如今生病了,儿女却不来探望,媳妇也不来慰问……除了身体上的病苦外,心理上又多了一层烦恼。

若能看开这些事,了解人生本来就是一种责任与义务,责任完毕后不必再想讨回什么代价,若能如此,病痛只限于身体上的,不会再添烦恼心病。

有一位来自台北的热心委员,因肾脏病住院,出院后他跟我说,住院时看到一位未满三十岁的妇女,浑身是病,但是这个年轻妇女并非真的身体有病,而是心理有病,一天到晚喊这边痛、那边痛。她先生常来看她,她还是不满足,常常想寻死。

这位委员就告诉她:"你已经很好命了,先生每天都来看你,你应该满足才对。像我有好几个儿子,他们都忙着事业、家庭,没空来看我,我也看得很开。"人就是要这样才对,如果在病中又加上心病,就会非常痛苦,若能看得开,就能早日恢复健康。

人生犹如走绳索

所谓"舍觉支"的"舍",是说不论在人间付出多少心血、多么辛苦,都不要把心念停留在过去,也不必时常讨人情。必须了解人来世间本来就是要相互负责,看得开就没有痛苦,所以说"舍离所见念著之境"。我们在人生这几十年里所见所闻,或是身体所感触的一切,都要将其舍除断离。昨日之日不可留,过去的就让它过去,心要放在今日的道念,这叫做专心;若一直停滞在过去,就称为杂念或念著之心,这样就非常痛苦了。

若能舍离念著之境,则"善能觉了,虚伪不实,永不追忆"。觉了就是分别,"善能觉了"就是能用智慧和智识分别真伪之法,明辨虚实。既然对外在境界的真实虚伪能辨别清楚,又怎么会做错事、说错话呢?所以,必须保持"庄敬自强"、"专心一念"的心态来面对今日的真实人生,这就是"善能觉了,虚伪不实"。

"永不追忆"——追忆就是回顾过去,人生

在世,处处充满危机,要时时谨慎小心,如临深渊、如履薄冰,战战兢兢,莫有丝毫的差错,否则就像走在结冰的水面上,若不谨慎,这层薄冰便会破裂,使人沉溺水中。

为人处世,要像凤阳婆走绳索一样。一条绳子架在空中,人从这一头走到那一边,若重心不稳便会摔下去,如何才能安全通过呢?日据时期的马戏团,都有空中走绳索的表演,他们用一条很长的绳子绑在高处,表演的人手持一把雨伞,脚踩在绳子上,慢慢地从这边走到那边。

表演者能成功地从绳子这边走到另一边,只凭借两种方法:一是手持雨伞以平衡两边的重量;另一方面则是靠他的专心,一心不乱。心念专一,眼睛直视前方,全神贯注地看着绳子的尽头,不能再回头看走过的绳索。

我们学佛也要专心一意,守在今日、前瞻未

来,过去的就应该让它过去,不必回顾。人若常常追忆过去,就会很痛苦,痛苦就会不甘心,甚至会怨恨,怨恨一起就生出瞋毒的心念。

所以,我们要学得永不追忆过去的那念心,照顾守护好今日、未来的道心,这就是"舍觉支"。

七觉支篇·之六

定觉支

一般人都是凡夫,但是每个人都有一分爱心,有爱心与关心,难免会产生忧心、疑心。因为有了爱与关心,自然就会担心,在担心挂念中就会听到一些传闻而产生疑心;有了疑心就会有疑问,这些疑问之声又不断回响,实在增加许多烦恼与困难。

我常说:"学佛须学定心与信心。"我既然呼吁弟子要有信心与定心,当然必定要以身作则,不论那些疑问转化出去又回响过来,造成多么大的震撼,我还是坚决护持着信心,无论发生多少困扰,还是要坚持我的定心。

慈济千秋万世的善业,就从现在奠立根基。每个月联谊会当天,我看到全省各地的委员与会员,冒着酷热的天气前来花莲,在东台湾车票一票难求的情况下,交通问题万般困难,但是却有数千人莅临,这给了我无比的信心,增强了我无限的坚定意志,这是大家给我的精神勉励。

慈济世界确实是个清净的世界,包含了无限的爱心,排除了所有的污染。佛法中常说:有爱就有污染,但是慈济世界中充满了大爱,人人同心合力奉献而无所求,所以无丝毫的污染,这深深感动了我,也牢牢地坚定了我的信心、坚固了我的道念。

慈济的志业从今天起步,希望大家学佛能学"活的佛"。要如何学活的佛呢?让我们看看第六——"定觉支"。

发禅定之时,善能觉了,

诸禅不生烦恼妄想,是名定觉分。

又名定觉支,使心住于一境,而不散乱。

许多人认为打坐时心无散乱,意无动转,坐很久而不受外在境界的动摇,就叫做禅。这是错的!禅并非如此,打坐只不过是学道、学佛的方便法,因为众生心散乱不定,容易受境界所迷惑;思想涣散、精神无法集中,做起事来就会散乱,所以佛陀教我们集中精神的方法——方便法。

佛陀教我们:要使心定时,必须先坐下来,把精神集中于身上,坐端正,心思集中于呼吸,将心念与思想调节正确。若要调整思想,必须把精神集中于身体的某一部分,最简单安全的方法就是"数息观"。"数息"是计算我们呼吸的出入,首先把心念集中于肚脐,以此为起点,精神专一,将一呼一吸的气息仔细计算,这是训练精神集中的方法。

例如有人失眠，心理医生就教他数羊，数一只，二只……一直算，算到最后就会睡着，这种道理和静坐相同。人为何会睡不着？因为烦恼多、杂念多，精神一直向外追求而定不下来，当然就睡不着。所以，平时心念动摇散乱，可以取法坐禅的方式，使心念专一。

刚开始练习时，先做到两分钟内心不散乱，然后三分钟、四分钟、五分钟一直继续增加，慢慢练到日常生活中，时时心不涣散，这就叫做"定力"。

禅在生活日用中

众生多数因心不定而产生烦恼、困扰。此处云："发禅定之时，善能觉了"，我们要把禅定之法应用在日常生活上，要学活的佛、活的禅。

活禅就是"挑柴运水无不是禅,言谈举止无不是禅"。说话也是禅,说话时把心定下来,将精神统一,则所说的都是负责任的话;做事也能如此,则所做的都是负责任的事。所以说,言语动作无不是禅,用定力来做事、说话、听话,时时刻刻应用于日常生活,就称作"发禅定"。

"善能觉了",就是能好好分辨何谓"禅",能深深体会了解"禅"的真正意义。

"诸禅不生烦恼妄念,是名定觉分。"——真正的禅是使我们在日常生活中不起烦恼妄想。尽管平时打坐的功夫很好,但一离开座位就开始生妄想,蜚短流长,无法集中精神,这样仍旧没用;真正的禅决不会产生烦恼妄想,此即"定觉支"。

学佛要用正确的智慧,产生慈悲的力量,不可因私人的迷情而乱了心思。譬如远道而来的参学者,来时欢欢喜喜,回程时却依恋不舍,我就会对他说:"欢喜来、欢喜去,内心要学得自在安然。"心若要定,必须欢喜自在。爱是为普天下的众生而生,情也是为普天下的众生而生,拿出菩萨的大爱长情,不生烦恼妄想,才是真正的"禅定"。

心住一境不散乱

"又名定觉支,使心住于一境而不散乱"——学佛学道必须要使心常住于一个境界,这个境界就是刚才所说的:"说话时言辞谨慎,走路时专心走路,心随着动作专心做事。"无论何时何地心都能安定专一,就是"使心住于一境"。

如果人在此地而心放在他处,就是心无定境;人必须时时带着心而行动,心住于一境则不会散乱,这就称作"活的禅"。所以,学佛千万不要学死禅,要学"活禅"。

学佛的过程中有戒、定、慧三无漏学,这是学佛者所追求的目标,也是学佛者达到成佛境界的必修之法。

"戒",就是预防人身心有过失,使心不犯错、身不作恶。在尚未犯罪之前,心就必须有所戒,这是千经万律中共同的法则——预防心念的过失。若能心无杂念、身不犯错,就能够"定";所谓"心安理得",时时刻刻生活在安然自在的快乐境界,那就是"定"了。若能时时刻刻保持这分快乐自在的气氛,则对外在的种种境界与事物,皆能历历分明,不会迷乱心思或行为,这就称为"慧"。

"使心住于一境而不散乱",就是要身心合一,讲话要讲负责任的话,心念放在言语上;工作时,心思也要放在行动上;若能做到如此,则步步皆能安然无过错,讲话句句无戏言。言出必行,说到一定要做到,不做无益戏论。

《论语》有一句话:"信近于义,言可复也。"意思就是:所下的承诺若是符合义理,就可以实践它。做一个人,最重要的是要有信用。信从何处而来呢?言语。讲话时要近于义、近于道、近于理,则道理与行为终能相结合,不会相违背。

我每天都非常谨慎,战战兢兢、如履薄冰,实践"法华"的精神。《法华经》乃是菩萨道,从学佛的起点至成佛究竟涅槃,都必须走在这条菩萨道上。当然,对佛陀所说的教法,我们秉持着"信近于义,言可复也"的精神,所走的路永远在菩萨道上,所说的法永远是菩萨道法。这样,遵循的道理才不会脱离正轨,这也是"定"。我们的心志坚定，在日常生活中心志与行动一致，则心不散乱，从一而终并坚守信与诚，这些都在一个"定"字。希望学佛人能坚定心意，"定"即是"道"也。

七觉支篇·之七

念觉支

念即思念,谓修诸道法之时,

善能觉了,常使定慧均平,故名念觉分。

璎珞经云:无心离意识,是沙门法;

守护诸根,是沙门法;

汝等能守护诸根,勿妨佛法兴隆矣!

一念之心,动于三千。"念"非常重要,要时时将心念稳定下来,有句话说:"起心动念,十法界于刹那间。"十法界即是从佛的境界一直到地狱、饿鬼、畜生……的境界;在起心动念的一刹那间,可成佛也可能变为畜生。如果生起慈悲心、怜悯心,一切只为众生,这就是佛的境界;如果对人起瞋怒心，这个心念一转，就变成阿修罗；若是对世间的物质起贪心，则会变成饿鬼。

因此，"念"必须时时守护好。念即思念；"思"、"想"二字虽然时常合称，但是意思其实不同。"想"是用心于外在的景象；如果没有用心于外在的景象，尽管别人在讲话，也会听而不闻，不知所云。例如：我在说话，你们在听，我说的每句话，都会清晰地从你的耳根进入心中；设若你们昏沉掉举，则尽管我说得多大声，你们也只是闻其声而不知其义，这就是"声尘"没有入心。

有时候我们也会视而不见，眼睛虽然睁得大大的，但是却没有用心去想前面的人是谁，或是眼前有何景象；这就是没有用心将外面的景象映入眼根、进入脑海里。"相"没有印在心上，就不会起分别作用；如果"相"留在心中，即使离开外在景象,"相"还是存在心中,这就称为"想"。例如刚刚看见什么东西,现在一想起来,这个东西的形象马上就会浮上心头,这就是想的作用。比如:为我介绍一个人,这是陈某某,过不久若是我又与此人见面,就会称呼他"陈居士"。这就是我用眼睛看见这个人的样子、用耳朵听闻他的名字、用心记住,然后认识这个人。

"思"与"想"是不一样的,"想"必定要缘着外在的"相",用心去分辨吸收;而"思"是即使没有接触外面的环境,仍然有一分思考。从好的方面来谈,例如慈济志业成立之因,就是起于我所看的"相"——凤林某家医院地上的一摊血。

成立慈济也是由一个"相"而萌发,大家还记得我为什么会做慈济,就是起于丰滨一位难产的妇人,在地上留下了一摊血,经询问围观旁人得知,因缴不起八千元保证金,又被家人抬回去了。

我常说贫病相连,苦不堪言。后来我有所得:看到那摊血是"相",即使事后仍会时时"想"起那幅景象,然后由"想"而生"思"惟。

我不断地思惟:台湾有成千上万的佛教徒,为何不将他们团结起来,合成一股大力量呢?佛教有一句话说:"家家观世音,户户弥陀佛。"我们何不将这句话化为"人人观世音,个个弥陀佛",以佛教的精神来扩展每个人的心胸?每个人的心胸若能扩大,那就是无量的功德!"无量"即是"阿弥陀",而每个人都能发挥无限的力量,则人人皆是阿弥陀佛。

我们应该将佛教徒"独善其身"的心,转化成"人人皆是观世音"的慈悲心,启发每个人的良知,使人人发挥良能。观世音菩萨慈眼视众生,闻声救苦,以其慈悲之眼透视世间苦相,以双手救度苦难众生;若人人都是观世音,则每个人都有一双慈眼,遍布全省各个角落,只要有慈济的委员与会员,即使再偏僻的地方,都可以看到那些贫病困苦的众生。

看见贫苦的众生进而发现自己的良知,良知一发现则其良能就会发挥,而自然以双手去救众生、帮助众生,这不就是"人人观世音"吗?

这就是思惟,看见"相"而思惟未来的事业与理想,也叫做思念——由当初的思考而下定决心,时时刻刻保持这一念心,于是开始组织"慈济功德会"。从三十个会员一直到现在二十万个会员(按:公元一九八七年),而有今日的成就,即是那个"相"——一摊血的现前,使我产生怜悯心,然后经过不断地思惟、思考之后,决定了我这个心念,这就是思念,名为"念觉支",也可以称作"念觉分"。

守护诸根是沙门法

"谓修诸道法之时，善能觉了，常使定慧均平，故名念觉分。"我们在修行道法时，能常常神志清明，"觉"是清醒之意，不迷茫也无妄念杂心，清明地守住自己的心念，每件事做过之后就让它过去，放开昨日的事情，守住今日的功能。能守住今日的功能，就称为"道心"；放开昨日的种种事情与杂念，叫做去杂乱心。

这就是修诸道法，善能觉了，如此则能使定慧均平，充分发挥定力与慧力。

《璎珞经》云："无心离意识，是沙门法。"——沙门是出家的修行者。修行时，不要常常把心放在人事是非上；没有人事是非叫做"无心"。"说者无心，听者有意"，就会生烦恼。

无心伤害他人的人,尚可原谅;有心接受伤害、并常常烦恼、瞋恨的人,实在是不可原谅。若明知故犯,有心伤害他人,这就不是修行者了。

常常挂心于所做的功德,也不是真功德;如果时常认为自己已经做了很多善事,这也不是真正的善事。我们必须守本分,做自己应该做的事情,不要计较过去的事情,不管是好或坏,只要守住自己的本分、发挥自己的功能,那就没错了。所以说"无心离意识,是沙门法",要好好守住当下的心念。

"守护诸根,是沙门法。"——"诸根",前面曾说过"五根、五力",除此之外,还有"六根、尘境","六根"即眼、耳、鼻、舌、身、意,身体的"六根"必须守护好,行兹在兹、念兹在兹,心念要时时系在身形动作上。

修行时,一定要守持"五根";"五根"增长,才能发挥"五力"——信、进、念、定、慧力,以上皆是道心。若能坚定道心,就称为沙门法。

"汝等能守护诸根,勿妨佛法兴隆矣!"——意思是:如果能守护诸根,就不会妨碍佛法的兴盛。我们修行时,常常会故步自封,独善其身,以为修行是求得自己的解脱,只顾自己而不顾他人,如此,佛法怎能兴隆呢?所以佛陀教导我们,要好好守住自己的规矩,但是不可妨碍佛法的兴隆。

例如从事慈济的工作,最需要时间,而修行也需要时间,普通人所谓的修行,是要选择一个清净的境界,精进念佛、拜佛、坐禅,完全不受别人的打扰。然而若是怕别人吵,如何去接触众生呢?谁来从事有利众生的志业呢?众生的事没有人去做,佛法怎能兴隆?

所以,"汝等能守护诸根,勿妨佛法兴隆

矣!"所谓"人能弘道,非道弘人",佛陀的慧命必须靠人才能流传下来,若每个人只独善其身,佛法怎能流传于后世？佛陀的慧命如何延续持久呢？希望大家努力修行。能精进修行就是"慧",为大众奉献自己就是"慈";慈悲智慧合起来就是四无量心——大慈、大悲、大喜、大舍,这也就是佛法的中心精神。

本篇总结

念觉支是七觉支的最后一项。念就是思念,也就是在修行道法的过程中能明觉善了。一般人在日常生活中,对自己的行动及一切造作都是糊里糊涂,无法明了。修行就是要修得一切明了,也就是善觉。

明是明白,了是了解。待人接物,对任何人都能了解、明白;对一切事都不糊涂,就是所谓修行的智慧。不过大多数的人一旦深入经藏,对经中的文字虽能了解,但是一离开文字、经藏,回到现实的生活中就糊涂了,无明之心时常生起,像这样就只是在文字上了解,而无法在人事上明了。

所以说"修诸道法，善能觉了"，就是在日常生活的修养中都能明觉无疑，分毫了解。若能如此，就可常使"定慧均平"——定与慧修持均平，则可用定力发挥智慧、用智慧控制自心不散乱，这就是定与慧两者均衡平稳。想要达到这种境界，必须做到以下各种修行法则：

若心昏沉之时，

当念用择法、精进、喜三觉支，

观察诸法令不昏沉。

若心浮动之时，

当念用除觉支，除身口之过非；

用舍觉支，舍于观智；

用定觉支，入正禅定；

摄其散心，令不浮动，

是名觉支。

人心的散乱有两种：一是昏沉，一是掉举。昏沉就是糊里糊涂，任何事都不用心去体会理解；或是在日常生活中无所事事，浪费时间，懈怠、不肯精进。这都列入昏沉的行为，昏沉就是爱睡，像在昏睡中。一天二十四小时，真正浪费掉的时间就是睡觉，人一睡着，什么事都不能做，不做事就不会进步；若是在日常生活中任何事都不肯用心去分辨、不愿去做，这和睡着又有什么差别呢？

懈怠也是昏沉。最显而易见的是听经时，眼睛一闭起来就睡着了，这叫做昏沉。平时的言谈，不一定要讲经开示才是说法，鸟鸣风声无不是说法。真正有智慧的人，清早起来，心灵寂静，在大殿拜佛、打坐后，听到外面的鸟鸣声，就觉得好像在为我们说"四谛法"。

冬天时，外面寒风飒飒，心静下来，听听风

吹树动的声音,便感觉到四季的轮转,人生的无常。冬天一到,树叶枯落,我们常会自我警惕:年岁一年一年地增加,自幼龄慢慢进入老年;时间确实非常可贵。

所以说,真正用心者,不一定要听法师讲经才算是说法,山河大地一切的形象与声音,无不是如来的广长舌相。若能提起我们的智慧、念觉,则任何时刻、地点、事物都会使我们警惕。所以说,心昏沉时,提不起精神,心思无法集中,或是动不动就想睡,这时候就必须用"念觉支"安定心念、观念,使心不昏沉。

时间是智慧的财产

有一位委员的儿子,本来很好玩,课业上常常令母亲担忧,他很聪明,只是无法专心用功。有一天,这位委员带他到台北分会来看我。我问他:"你现在读什么?"他答:"大学。"再问他念什么科系？他说:"经济系。"

我就对他说:"那很好,经济系的人精打细算。在佛法中所谓的经济,不只是对物质、金钱精打细算,应该是对时间利用的经济。你既然念经济系,应该对时间也很会精打细算,时间能累积无形的智慧财产,若只是在物质、金钱、事业上讲求经济,倒不如在求学时赶快利用时间,累积智慧的财产。"

他听完后,果真开始做一百八十度的改变,分秒必争,将所有的时间、精神,全部放在学业上。每次心一散乱,他就立刻想到:"师公说时间宝贵,要有经济效益、由分秒累积。"所以舍不得浪费一点时间,专一精神努力用功。

这就是一个观念的转变。过去他的观念里认为自己还年轻,要趁着青春年少及时行乐,学业只要应付得过去就好。自从了解佛法中时间经济的观念,就能马上接受,立即转变人生观,现在他每学期的成绩都名列前茅。这就称为念——观念。

但愿众生得离苦

"心昏沉时,当念用择法、精进、喜三觉支,观察诸法令不昏沉。"——"择法"即七觉支的第一"择法觉支","精进"是第二项"精进觉支","喜"则是第三种"喜觉支"。心念要常保精进,时间可以累积道业、成就事业、完成学业;时间也可以累积功德,一分一秒无不是时间累积起来的。

春去秋来,岁月如流,世间最短的时间单位是"秒",而在佛法中有刹那、一念间;这是比秒更短的时间单位,而一念之间就能遍十法界,任何地方都可以到达。例如人在花莲,若乘特快的直达火车到台北,需花两个半小时,搭飞机则需三十分钟。但是只要观想台北分会,一念间就到了。心念多快速呀!哪怕是极为短暂的时间,只要好好累积,就能成就功德。要累积功德必须守于一念、守持于择法,善加利用智慧选择该做的事,不浪费时间就能有所成就。

例如现在慈济的工作,从慈善到医疗、教育、人文,救济的工作仍没有一天放弃过。有人说:"众生都带着自己的业而来,何必要救济他们?"甚至也有人说:"这些人带着他应该受的业,救济他是违背因果。"这种观念显然不正确。

如果众生带业而来,已经定了业,必须受罪受报,那么佛陀何必来人间?佛陀来人间救度众生,是不是也违背了因果?当然不是。如果地狱的罪恶众生都不该救,那地藏菩萨又为什么要到地狱救度众生,甚至发愿:"地狱不空,誓不成佛"?

众生就是懵懵懂懂、糊涂无知才会造业受报,我们应该发挥爱心,以菩萨的慈悲精神去代替众生受一切折磨;虽然个人受苦,却能利乐许多众生。所以说:"但愿众生得离苦,不为自身求安乐。"只要众生都能得到平安、快乐,不必急于为自己求解脱,这就是菩萨的观念。

慈济做了三十多年救济工作,在我的观念中觉得还是不够,我们还要更进一步集合具有善心与爱心的人士、集合发菩提心者,汇聚他们的力量与资源,努力从事建院工作。我每天到医院巡视,都感觉非常安慰,这些年来,有无数的人得到救治,许多人重获生机。慈院第一位接受开脑手术的女孩——许淑芊,她在痊愈之后,曾经蹦蹦跳跳、健康活泼地回到这儿,看了真是令人欣慰；若不是慈济医院启业，这位曾历经两次瞳孔放大、病情危急的女孩，早已无法救治了！

类似这种脑部手术的个案，自开业以来，已经做了好几例，接受开刀后的人都很健康、正常，与一般人没两样。虽然我每天都觉得很疲倦、辛苦，但是一到医院看到那些患者面带笑容地说他已经好多了，我就很安心、也很高兴，一切的疲倦随之消除殆尽。

过去大家一直认为建院是很艰巨、很辛苦的工作，但是我们确定自己的观念，选择应该做的事——只从事救济工作仍然不够，还要为佛教、为众生，兴建慈济医院。所以说，一切的事业都是由观念来作选择。

建院完成还有教育之路

现在医院已经圆满启业，但是这样还是不

够,我们的观念应该放在比医院更远的路上,那就是——教育之道。若能建立医学院,不断培育人才,使慈济精神不断延续,人间佛教的慧命就能绵延不断。

这就是观念,我们必须善用自己的见解与观念,才能有所成就。

当我们懈怠昏沉、心不专一时,就要用"择法觉支"——善加选择应该把心思放在哪儿?应选择何种事业来发挥所长?必须精神心力合一,不涣散;若时常涣散自心,就会"十做九不成"。

许多学佛者都说要修福修慧,却不知道慧是在福中求,也不知道慧中带福,所以心思涣散不定,这样要学,那样也要学,那就错了!我一直强调,做任何事都要集中精神、集中力量,但是,在精神与力量合一之前,要先有正确的选择,这就叫做"择法觉支"。

选择之后,要不怕辛苦,不断地精进再精进,精进就是努力。努力精进之外,还要有欢喜心;精进是件很辛苦的事,若是抱持欢喜心,就绝对不会疲倦。

许多台北的委员搭飞机、火车来花莲,都是为了到医院做志工。她们每天从医院回来精舍,我都会问:"疲倦吗?辛苦你们了!"而她们总是答说:"不会啦!师父,我们做得很欢喜。"其实她们真的很累;但是因为有欢喜心,所以绝对不会懈怠。

"择法、精进、喜三觉分,观察诸法令不昏沉。"昏沉是懈怠、懒惰、不专心、浪费时间。要使体力化为良能,就要好好精进;要使心不疲倦,就要欢喜;若要道业成就,就要好好用智慧来选择。所以,要能善加运用这三种觉支。

把握因缘种福田

"精进"是不懈怠,"喜"是时时抱着欢喜心。学佛要及时把握时间,时日稍纵即逝,地球每天不停地运转,时日不可能为我们停留,应该好好把握时机,不要在因缘错过后才觉得懊恼。

佛世时代,与佛陀同世的人也曾不知把握因缘;等错失追随佛陀的良机之后,才懊悔不已。

佛陀在世时,交通不便,都要靠双脚走路。有一天,佛陀和恒河对岸的人相约,要在某日某时到对岸说法。约定的时间一到,佛陀就安详地自竹林精舍走到恒河边,只见河水暴涨,远处有一艘船停靠在岸边,佛陀走到船边,把躺在船上休息的船夫叫起来,对他说:"船夫,请你将我渡到彼岸。"

船夫在午休时间被人叫起来，非常不耐烦，纵使知道叫他的人是佛陀，他还是懒洋洋的，眼睛一睁开就说："你叫我渡船，现在是正午时刻，太阳这么大，你先付船资我才渡你。"佛陀说："我向来身无分文，现在又无人可借，实在无法付钱给你。"船夫说："既然没钱，就不必说了。"佛陀只好说："我一向将山河大地的一切沙石瓦砾视为钱财，故没有金钱、瓦砾的分别。此时眼前所见的山河大地都是我的财产、都是我的金银，但是你要我拿出人间的代价，我就没办法了。"

　　船夫一听佛陀说没办法，觉得还是睡觉比较好，便一口拒绝了。佛陀见船夫不肯渡他，只好仰天慨叹。刚抬头时，看到一群雁鸟自北向南飞来，由彼岸飞到此岸，他感慨地说："雁鸟不必求船师渡河，我却需要船夫渡过河岸……"船夫躺在船中,不知佛陀何时离开岸边,只听到佛陀说了这些慨叹的话,就这样迷迷糊糊地睡着了。

过了中午,船夫看到对岸人山人海,就问自对岸渡船过来的船夫发生何事?那位船夫回答:"我们那边喜气洋洋,是为了迎接圣人到临,人人相互庆祝能听闻佛陀说法。"这位船夫一听,万分懊恼错过殊胜的因缘:"佛陀亲自来到船边要我渡船,让我结此善缘,给我渡圣人过河的良机,我却因一念贪心及懈怠而失此机缘!"他懊悔不已,于是立下誓愿:"从今以后,只要有出家比丘踏上我的船,绝对免费渡他到彼岸。"

所以,要好好把握时机,圣人出现在我们眼前,让我们有机会种福田,若不及时把握,则良机易逝。机会一失,即使再渡多少比丘,也无法弥补佛陀在眼前却错失良机的懊恼与自责。所以我们要有"择法觉支"的观念,好好选择我们所遵循的法,不可畏惧辛苦,因懈怠而错过良机;做一切事时保持欢喜心,昏沉的心自然会消失,这就是:"若心昏沉时,当念用择法、精进、喜三觉支,观察诸法令不昏沉。"

自凡夫的起点直至成佛

若心浮动之时,当念用除觉支,除身口之过非;

用舍觉支,舍于观智;

用定觉支,入正禅定;

摄其散心,令不浮动,是名觉支。

前面提到昏沉,也可以说是懈怠过失。现在所说的"浮动"是心念不坚定——有时候获得一法,开头很热心,但是"热心易发,恒心难持"。平常的人,看到大家付出爱心、辛苦工作,心中生出感动,马上起了热切参与之心,但是若缺乏恒心,这分热情很快就会退失。

今天看到一个人的行动,觉得很感动;一段时间后,遇到另一个人,所说的话句句迎合己意;前后相比较,认为后者较前者好,便产生喜新厌旧、见异思迁的心理,这就叫做"浮动"。今天选择这个法,过了一段时间,觉得它不符合心目中的理想,便回过头来再走另一条路,这也叫做"浮动"。所以我们学佛生了道心后,还要再加强根基,根基增长之后再加强力量,有根有力,则根固枝茂,这就是强调"五根"与"五力"的原因。

譬如一棵刚移植的树,树叶虽然青绿,但是树根尚未稳固,此时只要一阵风雨侵袭,这棵树很快就会倒下。我们若是播撒种子或移植树苗,必定要小心照顾,使树根向下伸展,增加根力,才能往上生长。

心浮动就是道心不坚固,摇摇摆摆,像小草一样,风吹两面摇,这样就叫做浮动。此时应"当念用除觉支,除身口之过非"。除就是舍掉的意思;除掉杂心与浮动心,才能修好身口意业。

若是今天高兴就说好话,明天生气就说坏话,今天高兴便认真去做好事,明天不高兴就去做坏事,便是缺少"除觉支"——缺少除掉散乱心的智慧。人世间,人人皆是凡夫,凡夫各有染著的见解,凡夫污染的见解容易以巧言蜜语牵动我们的心,使我们的道心掺入杂念,如此心思就会不正确,而开口、行动也容易造业。

所以,要用除觉支除身口过非,常行除觉支,则身口意业不生,杂念及过错的恶念一到心中,自然会马上消除,清净心念也不会受巧言蜜语所动摇,这就叫做"除身口之过非"。

"用舍觉支,舍于观智",除了要去除杂乱心之外,还要会舍——舍观智。观智当然很好,修行就是希望能有观想的智慧,但为何又要舍除呢?是为了保持清净的道心与单纯的意念,要舍除过去的包袱,然后才能精进努力于前面的道路。

不只要舍除坏事,也要舍除好事,舍除昨天做过的事。一个人若常常记着自己多了不起,能做多少好事、有多少能力,常有这种心,纵然做得再好也容易贡高我慢。因此,要"舍于观智"。

在修行的过程中,要舍除过去之事。昨日已过,心念就要守在今天,要"用定觉支,入正禅定",善用定力,不让精神徘徊于妄想杂念。"摄其散心,令不浮动,是名觉支",若能用定心舍除过去的观智,就能够时时入正禅定。

我常说学佛要学活的佛；打坐求禅要学活禅——日常生活里，举止动作无不是禅，这才是真正的活禅。若能如此，心念就能统摄起来，自然不会散乱，不散乱就不会浮动，而且道心会非常坚固，如此则可走上康庄大道，自凡夫的起点直接通往成佛的目标。

总之，好好善用"除、舍、定觉支"来坚固道心，才不会走冤枉路。

八正道篇

- 正见
- 正思惟
- 正语
- 正业
- 正命
- 正精进
- 正念
- 正定

"七觉支"是教导我们时时警惕自己的心念,注意日常生活的行为,心住于一境,不可散乱放失,所谓"守志奉道,其道甚大"。我们的心志若能时时守于正道,道业自能精深博大,否则,即使你读遍千经万律,也如同镜花水月一般,一点用处都没有。

"八正道"是我们初学佛者应该认识的见解:

八正道——

谓此八法不依偏邪而行,故名为正,

复能通至涅槃,故名为道。

我们要如何选择正道呢?若能充分了解八正道内容,这一生就可以行于正道,精进不退。

俗语说"条条道路通长安",但是如果你绕行了所有的道路,那么想要及时到达目的地就相当困难。若是能选择一条正确的正直大道,要抵达目的地就快多了。例如:由台北到高雄之间有许多路可走,无论怎么绕都可通达,但是,有的路线花的时间却相当长。目前已经建设一条高速公路,通过这条平直的大道,只需几个小时就可以到达目的地。

与此同理,修行如果走上偏邪之道,就无法顺利抵达目标,所以必须非常谨慎小心。如果不幸走错路,浪费时间还无所谓,若无法到达目的地才是最遗憾的事。这就是"差之毫厘,失之千里"。

我常说,佛教的名称也可以叫做"救济教",而其救济的对象则有两类:贫困的众生,需要物质的救济;富有的众生,需要精神上的慰藉。所以,"救贫教富"是佛教的根本精神,也是慈济目前所从事的工作。看看那些贫困的众生,除了物质欠缺之外,精神也很贫乏,教育水准偏低,造成想法也有偏差,这是业重的众生。

所以,全省各地的委员,除了要为他们解决物质上的困难之外,还要弥补他们心灵上的空虚。每个月的发放日,贫户前去领取救济金与救济品时,委员们一定会教他们念佛、拜佛,甚至还有安排固定时间,为他们讲说因果观念,使他们懂得"安贫乐道"。这就是除了济助有形物质的生活之外,还要引导其心灵意识进入正道的见解。

有些人在贫困时,常会为了钱财做出不法之事,所谓"饥寒起盗心",即是指人不甘贫穷铤而走险,成了不法之徒。看看现今的社会,赌博的歪风渐兴,人人都希望能借此发笔横财。听说一些陶瓷工厂的工人,每当爱国奖券的开奖日,就疯狂地签赌大家乐,所以工厂空无一人,无法继续烧窑,结果导致工厂的休假日不在星期日,而在开奖当日。这是目前社会一种不良的趋向——赌风日盛,这是不正当的行为。

又例如"飙车族",根据有关部门的调查,这些年轻人的教育水准、家庭背景,多属中下阶级,他们飙车的原因有的是希望自己能从中获利,虽然这是以生命为赌注,但是为了八千、一万、五万元……的赌金,他们也要参加飙车,期望自己在这几十分钟之内,赢得奖金。这种不劳而获的心理,也是赌博的心态,尽管有关单位一再取缔,他们仍然不断扰乱社会秩序;使自己的父母困扰万分,这就是由于见解褊狭而引起的社会问题。

富有的众生其实也有偏邪的见解。现代的台湾,人民丰衣足食,经济繁荣,难免有些人饱暖思淫欲;无法安分守己,例如有的家庭主妇,由于生活太过享受、无聊,而不能守好家庭主妇的本分,她只需为先生与子女准备早餐,等他们上班上学后，所有的家事都让现代化的科技电器产品代劳，用洗衣机、洗碗机、吸尘器……一下子就整理干净、打扫清洁了，甚至有人还请佣人清理房子；大部分空闲的时间，她可以做什么呢？

闲在一间空无旁人的房子里，真是度日如年，无聊又痛苦，没有正当的康乐活动及工作，干脆去打牌，不是"三缺一"，就是"三温暖"，要不然就跑去舞厅……种种不正当、容易迷失的场所。这是贵妇人的苦恼问题。

也有很多先生，家庭幸福美满，妻子温柔贤淑、子女天真可爱，他却仍不满足，事业显赫了，便在外金屋藏娇，招惹一些麻烦，使整个家庭烦恼重重。

这就是富有众生心灵上的空虚。这些富有的先生太太们，心灵为何空虚呢？因为欲念易漏啊！欲念多就容易漏失，像一个破桶一样，再装多少水,仍然会漏掉,永远不会满。这些都是邪见的人生。

佛陀有四众弟子(按:出家比丘、比丘尼,及在家男女二众),其中在家众皈依后,必须守持五戒;五戒是人生的正道法,即不杀生、不偷盗、不邪淫、不妄语、不饮酒。孔子教导世人遵循五种常规——仁、义、礼、智、信;佛教所谓"五戒",即如孔子所说的"五常"。五戒中的不邪淫戒,就是孔子所说的"礼",在家人若想拥有天伦之乐及幸福的人生,必定要守夫妻之间的礼节,彼此敬重、相互信赖、诚信忠实,若能如此,就可以做子女们的模范,此即是爱的教育。

身为长辈的人如果行于正道,子女就会效法,就像好的模子所复制出来的物品一定是完美的;如果行为稍有偏差,则像坏模子所复制出来的物品也一定是坏的。在家者应该好好守持人生正确的规范,而出家修行者乃是人天导师,不但要作为人的模范,也要做天人的引导者,所以要更加注意日常生活中的举止行为。

当然,在家的佛弟子,若想得到同事朋友的敬重,得到家人妻小的信任,都需要修身养性,安分守己;所以《大学》中也教我们"修身、齐家、治国、平天下"的道理。总而言之,一切事业与道业,无不是从自身做起;我们的心念若正确,则所作所为都能正确无误,而这些都是靠心行一致,守正法、守规矩而得的。

此处所谈的八种方法,皆是引导我们行于正道的方法,"此八法不依褊狭而行,故名为正",做人一定要正直,否则讲话不能取得别人的信任,如此则形同废物一样,对人世一点贡献也没有,所以我们一定要以"正"为规。

修行的人若能心正行正,就可以达到涅槃

的境界,"涅槃"乃修行者梦寐以求的境界,这是纯然宁静的境界。心地若能时刻保持宁静,则必然正大光明;这就是修行者所要追求的目标,也就是"道"。

人生是苦,但是苦的标准是什么呢?有的人虽然欠缺物质享受,但是生活得非常快乐,有的人物质丰富,但是闷闷不乐,非常痛苦。

有句话说"知足常乐",能够知足感恩的人,一定时常感到快乐满足,知足者乃正道之人。家庭中的每个成员若能知足,则能享有天伦之乐;不知足的人,得到一样还想再多求,有了归属的家庭之后,还想另筑香巢,这就是不知足,必然会招引苦恼、祸患!

涅槃的境界就是心灵宁静光明。涅槃就是道,只有大家多多守持正法,才能时时刻刻快乐宁静。

八正道篇·之一

正见

人人要修无漏道

"八正道"可以使我们的人生无丝毫差错、不偏邪,是人生最稳当的正道,现在逐一分析此八种正确的道法。

正见——

谓人修无漏道,见四谛分明,

破外道有无等种种邪见,是名正见。

"见"乃见解、观念,一个人在人生道上,分分秒秒之间都存着许多复杂的念头,而且每个人的心思皆不同。也就是说,"一念心"是最复

杂的。单单一个人，就有许多相互矛盾与冲突的心理；若是众多的人聚集在一处，则更加矛盾了，这其实都是观念问题而已。

所以，如果大家都学佛修行，观念就比较能一致；反之，若不修行，在世间就会为了生活而与人竞争，为自身的利益而争斗。这是世人为了生活、工作、学业……等等因素，而产生的竞争现象。人的心念有如野马一般，各朝不同的方向奔驰，这是因为世人没有"道念"的缘故。

现在我们既然学佛了，就要将奔驰于八方的心念收摄回来，同行于正道上。有如一群受过训练的马匹一样，只要号令一发，就能整齐划一、踏步前进；反之，若没有经过训练，就会散乱各奔前程。所以，我们修行就是要统一心念，而其目标则在于"无漏道"。

"漏"就是流失，就像一个破水桶一样，即使装满了水，在不知不觉中也会全部漏失。我每天向大家解释佛教与人生的教法，但是听我讲话的人，究竟能接受多少道理？昨天的法水滋润了心窝，今天是不是已经流失了呢？

如果能得一善而拳拳服膺，在日常生活中身体力行，待人处世、言谈举止都遵循这句善法，就称为"无漏"；善法能保留在我们心中，永不遗忘漏失，这就是"得一善则拳拳服膺，而弗失之矣"。

一勤天下无难事

"漏"也可以说是烦恼，善念不断漏失、被恶念取代。就像一个水桶，经年累月地放在户外，受风吹日晒和雨淋，垃圾杂物都丢在里面，而积满了灰尘沙土。即使干净的水装进破桶里，也很快就流失掉,一些污秽的东西则堵塞在里面流不出去,这就是烦恼。人与人在日常生活中常相互猜疑、无法彼此信任时,就会衍生出烦恼。自以为学问比人高而瞧不起人,这就称为"我慢",也叫做"贡高";既然自以为学问比人高,那对于别人所说的法,又怎会重视呢?

圣人之心,时时都非常谦虚恭逊,以平常心及平等心对待一切众生。有一则孔子拜七岁小孩为师的故事——

有一个七岁孩童在路上用沙土堆了一座城堡,正好孔子乘坐的马车路过此处。驾车的子路见此孩童不避开让马车通行,就大声吆喝说:"喂!小孩子,你难道没有看见马车来了?赶快让路!"

小孩抬起头,天真无邪地问了路:"你先看看这地上有什么?"子路答:"这是土城啊!"小孩就说:"自古以来,是城让马还是马让城呢?"子路一听,竟无言以对。孔子在马车上见此情景,立刻下车,双手作揖,恭恭敬敬地称小孩为师。

凡夫与圣人的差别就在此。凡夫像一个装了半桶水的破桶子一样,容易摇晃漏水;如果装满了水,则重心稳固、不易晃动。农夫要收割稻谷时,只要看看田中的稻米,就可估计今年的收成好不好——如果稻穗都长得直挺挺的,农夫们就担忧今年的收成不好;如果看到所有的稻穗都弯倒下去,农夫一定很高兴今年可以大丰收了。

有时候听弟子们说:"我已经学过了、懂了……"我就非常担心他像一株没有饱满的稻穗一样,半生不熟的。如果他常常低声下气,不论何时都非常谦虚,我便暗自欢喜,因为佛教慈济志业的慧命将可以延续下去。

一个凡夫时时刻刻都想表现自己的能力与才干,其实最好是能在日常生活中,处处用心地苦干;苦干比能干重要。我曾告诉大家,不可眼高手低,应该虚心学习才对。一个正常的人是"手比眼高",大家了解这个道理吗?或许有人说,眼睛长在脸上、手在肩颈下方,怎么可能手比眼睛高呢?

其实,手确实比眼高,凡是眼睛看得到,手就能做得到——我们的见解正确时,行动就一定会正确。心中想要"为众生、为佛教"尽一分力量时,就会专心致力地做到"为众生、为佛教",这就是手比眼高。所以"一勤天下无难事",普通人认为天下之事都非常艰巨,希望大家的人生观不要存有"难"字,心无难则事无难。

所以,我们学佛要好好去除烦恼。就凡夫

而言，烦恼就是障碍——觉得事事皆难就会造成障碍。如果常常贡高我慢、心存贪瞋痴，就犯了佛教中的五大病——贪、瞋、痴、慢、疑。若能够去除这五大病，就称为"无漏"，无漏则无烦恼；干净的水装满后也不会流失。

凡夫被业转，圣人能转业

人不能离开水，心也不能染著污秽之物，所以我们要设法去除染著的心念，常常装满甘露法水，使之"无漏"。若能如此，自然能见四谛分明。佛教中不论是修小乘、中乘、大乘等各种法，都离不开四谛法的真理——苦、集、灭、道。想透彻此四种真理，就一定要修无漏道；四谛法的道理透彻之后，自然能产生智慧、明辨是非，破除外道的种种邪思邪见。

外道的见解都是极端的，一种是"有"，一种是"无"。当初佛在世时,印度有九十六种外道信仰,这些教法都不离"有、无"两种极端的道理。而佛陀教导我们的是中道思想,是透彻人生"一切皆空"的道理。

我常常分析"空"的道理,宇宙世间一切万物,从我们的身躯到所有的一草一木,都没有离开"四大"因素,而"四大"因素也都是相生相成。如果我们将"四大"慢慢的分离,则最后——"四大皆空",一切万物都是空的(变易不定)。

这是透彻世间万物的事相之理,而佛教中尚有一甚深微妙的无上道,称为"真空妙有",说"无有"真的是"无有",但是只有在真正"无有"当中,才能发现一个真正微妙的"有",那就是每个人的本性。"本性"是什么模样?"本性"根本无"形"与"色",就是因为它无形无色,却能发挥作用,所以我们才称它为"妙有"。

这个微妙的真理，是佛法最透彻的教理，并非"有"就永远有，也不是"无"就永远无；如果事事说"有"则执常，说"无"则执断。人间若是"无"，则什么都没有，无因也无果，作恶不必怕，为善无果报，这就是"断见"。如果说人间什么都是"有"，什么都永远存在，则会"执常"，无法承受变异的结果。

佛法教导我们"一切唯业"。业力是自己造作的；"业"力，无形也无色，一个人的起心动念无不是业。如果你今天想要保持平和宁静的心情，却遇到一位和你有"障碍缘"的人，一看到他心里就不高兴，听到他说话，心中就起烦恼，无形中便会说出不好听的话而招惹很大的困扰与麻烦。等你说完话之后，才发觉自己错了。本来打算心平气和地对待人，心念却不自觉地从温和转成瞋恚暴怒，这就是心力的影响，造成彼此之间缘的歧异,也称作"业力"。人被业力牵引,注定了一生之中的一切果报,这就是佛陀所分析的"种如是因,得如是果"。

一切的"因",都是由心所造成。凡夫被业所转,因为过去业力的影响,使现在的心念无法控制;若是圣人,则能够转业。学佛,要学得能够转业,用心力控制自己所有的行动,这些都必须由"正见"修得;我们若能修无漏道,见四谛分明,自然不会被外道的邪思、邪见分散精神。

在家的学佛者,若能修正见,则日常生活中一切事业皆行在正法的道上,不会有任何偏差。佛性平等,不独是出家人才可以称为"修行";在家人从事任何事业,亦无不是在修行。今天听了佛法,就要表现在今天的行为上,力行"正见",不断增长智慧,则所作所为都是福业。

佛法所教导的,就是为了端正我们的见解,

为了清净我们的观念及心病,所以佛陀开示教法,留下三藏十二部经,其每一篇经论的教育都殊途同归。因此,"正见"是学佛的要道。

修行要修"无漏道","漏"是烦恼也是无明,我们因常有烦恼与无明,所以叫做凡夫;若是能去掉烦恼、无明,就可以成圣成佛,所以学佛要先修无漏道。所谓"漏",亦指心灵智慧有明显的缺漏,因无明遮盖了清净本性,心生无明则不能照了诸法事理。

"知识"也是一种障碍

"贪"是种无尽的欲念,为了永远无法满足的贪欲而不断地向外追求,是非常辛苦的!

有一群曾从事医护工作的人士来慈济医院参访,他们都已上了年纪,但还在为培育下一代的护理人员而工作。其中有一位看到我就说:

"师父,我有事想请教您!"

这位女士虽然富有却不知足,而且和下一代有代沟。她出身名门望族,但是年轻时就遭丧夫之痛,所以把一切希望都寄托在独生女身上。她的爱女非常认真求学,后来考入了医学院,让她倍感欣慰、荣耀,对女儿更加照顾得无微不至。

女儿自医学院毕业后,她就想为女儿找一位门当户对的理想对象。正好女儿在班上有一位要好的同学,教育程度与家庭背景都符合她的理想,但是她提出一项条件——他们将来生下的子女,必须有一个跟从母姓,才允许这桩婚事。因为她只有一个女儿,所以希望能传宗接代,香火不断。对方接受条件后,他们就结婚了。

她煞费苦心地让他们到美国留学深造,支

付所有的学费及生活费。小两口到国外深造、立业,并育有四个子女。她十分期待这四个孙子中有一位能为她家传递香火。但是,事不如人意,四个孙子中竟没有一人从她的姓氏。

人就是这么执著。男方认为娶妻生子,应该都从父姓,即使有四个子女也是一样;而女方却认为,当初为了要求其子女中有一人从母姓,不计一切为他们筹款,安排未来的生活与学业、事业,如今却事与愿违,结果闹得双方感情破裂。

做母亲的想不开,竟然要自杀,求一了百了,到现在她还是非常苦恼。我听她说完,安慰她这不是什么大不了的事,只是为一个姓而已,不值得如此烦恼痛苦,她却执著于中国传统的观念,不惜与爱之入骨的独生女及女婿闹翻脸,值得吗?在我们看来是微不足道的事,而她却认为这比生命更重要。

后来我说了许多话安慰她,她也很坦白地说:"师父啊!这些道理我都明白,但是我就是看不开、做不到。"到最后我只好告诉她:"你应该心满意足了,你就是太空闲了,才会看不开。"

她听完一想,就回答说:"是啊!我大概就是太闲了。我一个人住在这么大的大楼里,请一位佣人帮我打扫房间,有时我会和她说话,但话不投机时也是半句多;何况我若多说她一句,她就不愿意做了。现在佣人已不住在我家,我每天起床就只有孤单单的一个人,我觉得非常痛苦。"

我说:"你既然那么空闲,没有谈话对象,何不走出户外,把爱心散布给需要温暖的人?你这么能干,又有丰富的医学常识,为什么不把你的能力和爱心奉献给更多的人?"她就说:"有啊！师父，我曾做过这些事。以前我收到您寄来的《慈济月刊》，就将上面刊登的贫户一一查对，因为当时我心想：世间真的有这么好的人吗？所以想证实被救济的贫户是否真有其人，因此一一去看过了。""你看完后，是否觉得自己应该很满足？"我问。她竟然说："因从事社会工作久了，所以不觉得怎样！"这就叫做"所知障"。

有一种人是不太懂道理、常识不多，心中有结而痛苦；若开导他，他会自我反省，对自己的生活感到满足；若是再让他亲眼看到别人不幸的遭遇，他会自觉得有信心，因为还有人比他可怜，因而更加知足。试想，许多委员和会员加入慈济后，人生观完全改正了，这就是因为他们尚未受到洗炼以前，贪、瞋、痴、慢、疑等烦恼都覆盖在良知上；等到接触佛法、领受真理之后，忽然间如梦初醒，看得开也放得下，并且尽力发挥良知与良能。

反观刚才说的那位女士,有财力又有能力,却怀着满心的怨及满腹的苦。以她目前拥有的财力,不知可以救助多少人?但是她却自寻烦恼,还想自杀;如果真的自杀身亡,那所有的遗产还不是被她最痛恨的人得去,这实在是得不偿失啊!

爱的真谛

有一位委员非常难得,她过去也和那位母亲一样,把所有的爱心全部放在子女身上。虽然也受过儿子和媳妇的气,但是她还是很爱他们。她刚加入慈济时,得悉慈济要兴建医院,就发心捐赠病房,连续捐了十几间;一间需三十万的经费,她就以自己和儿子、女儿们的名义捐善款,为全家植福。

此后,她慢慢从事慈济的工作,又常常去访问贫户,这段时间,让她真正体会到人生爱的真谛。她认为,自己不一定要把爱心全部放在子女、儿媳的身上,她可以将这分慈母心扩展为大爱的慈悲心,把自己的能力扩大,贡献给更多需要帮助的人。所以她不断地付出,至今已捐了将近七百万的建院基金。她还告诉我,该为子女们做的,她都已经做了。不但为他们买房子、置产,还为他们打好事业基础,一一将他们安顿下来。所以,她决定把银行的存款和股票,乃至在她名下的财产,全部捐赠慈济。

她可以说是完全付出,不求回报;她唯一的要求是:希望这笔基金的利息,在她有生之年能由她领用,其余的本金完全归属慈济。如此一来,还可以避免将来子女们为了母亲的遗产而起纷争。她真是一位很有智慧的人,将自己的全部财产捐给慈善机构,由慈善机构不断地为她做好事,而且还为她设立专户,每个月有几万元的利息使用自如,不必为生活烦恼。

后者是一位很平凡的女人,而前者则受过高等教育,所有的道理她都知道,但两者一比较,后者常跟我说:"师父,我什么都不懂!师父教我怎么做,我就怎么做。我现在很快乐,觉得人生已了无牵挂,可以高高兴兴地度过此生!"她除了物质的捐助之外,连身躯都奉献出来,愿将自己的器官捐赠给需要的人。

同样是女人,各自接受不同的教育,产生不同的观念及修养。所以说,我们学佛者应该有一种认识及见解——知识高深的人不一定能领受到佛法的好处,而普通人也不一定不能接受佛法。像我刚才提到的这位委员,她走入慈济后,不迷信也不盲从,她说:"师父教我们时时好心则时时吉祥,心正则事事顺利。"所以她不担心何时会犯冲,也不觉得佛祖安位的时间与位置有何不对。

而先前那位女士就曾问我:"师父,我家只有安设祖先牌位,没有安置佛像,不知是否因为这样,所以最近几年这么不如意,一直想寻死?我也曾经请一位老师父帮我看风水,教我如何安神位。"这就是那位高级知识分子所提出来的问题。她甚至还问我说:"那位老师父帮我算命,说我有一个很大的'死运',家中要赶快安佛像。我现在想请问师父,我应该安什么佛?"

我问她:"你喜欢什么佛?"她答:"我喜欢观世音菩萨。"我就教她请观世音菩萨像。她又问我立像或坐式的较好,我便说:"你喜欢立像或坐式?"她回答:"我曾经看过一尊立像很庄严、很好看,但是有人告诉我,家中不要安设观音菩萨的立像,所以……"

她的教育程度很高,却迷信地理、风水及命运,甚至对安置佛像也如此执著。反观那位委员多么开明!她已经七十多岁了,却不会有任何执著,她常说:"师父教我们心正则风水吉祥,阖家平安。"什么是解脱呢?只要观念见解正确,就是解脱了。

公主的迷惑

我们日常生活中应该常存有这种观念:

常观水上泡,亦观幻野马,

如是不观身,亦不见死王。

以前有位国王,对他的独生女爱之入骨。自公主出生后,他的视线从来没有离开过她,可以说两人形影不离,身心相随。有一天国王和公主走到池边,看到池中鱼儿跳跃,令池水生起许多小水泡。当时正值黄昏,夕阳西下,水上的泡影受霞光照射而映出美丽的七彩五色。公主看得高兴极了,立刻向父王要求将水泡串连起来,做成她发上的珠花。

公主自出生以来,想要什么就有什么,金银珠宝从无匮乏。现在竟提出这种要求,国王无可奈何地对她说,水泡是无法拿来串成花圈插在发上的。公主一听就说:"我什么都有,就只缺这样;若不肯给我,我就不想活了!"国王非常烦恼,赶紧贴出告示,命令大臣立刻召集能干的工匠,用他们精湛的手艺挑起水泡,串成发上的花环。如果无法办到,就必须接受刑罚,终身监禁。

没多久,国王的牢狱已关满了无法串起水泡的工人。后来,有一位老者看到国王为了公主的无理要求,几乎把全国的工匠都关起来了,而那些人家中还有挨饿受冻的妻儿子女,他心中非常不忍,就自告奋勇地到国王面前说:"我可以办到!"国王听了很高兴。老者又说:"不过我有一个请求,因为我无法选择哪一颗水泡最美丽,怕串成花环后不合公主之意,所以想请公主亲手挑选水泡,我再将其串在一起。"

国王就说:"好!只要你能够串起水泡就好。"公主也认为由自己挑选的水泡,串起来一定很漂亮,便跟着老者一起到池边挑选。没想到她每挑起一颗就破一颗,怎么挑也无法挑起一颗完好的水泡。最后她累得把器皿丢掉,对国王说:"我不要什么珠花了,这些水泡根本挑不起来,我愿意放弃、不要了!"

老者运用智慧,转一个心念就可以救出牢狱中的工人。牢中人为了世间根本无法完成的事而受苦,而有智慧的人却能在短暂的时间内,解开这么多业。如果人人都具足智慧，能透彻人生无常的真理，就能够快乐自在了。

　　佛陀以这个故事譬喻：世间的事物，即使用尽心机也不可得。人忙碌于世间，这么辛苦到底得到了什么？纵然社会上有许多白手起家的大企业家，他们的生活从过去的贫困到现在的富有，但是他们真正得到什么？这一切只不过是人生舞台上的一出戏，是他的角色必须扮演的过程；舞台上的戏犹如镜花水月，一旦结束，又能带走什么？

　　时光无声无息地逝去，人生同样在无声无息中流逝。到最后究竟得到什么？所以，应该将人生一切的物质、欲望当作水泡一样。一些哲学家、智者，视富贵如浮云，把一切物质视作天上的云一般，似有似无，如梦如幻；富贵只不过是幻景迷色，我们应该看得开，了解水上泡无常、幻化的道理。

韩干画马变马的传奇

所以说:"当观水上泡,亦观幻野马。"除了要了解人生如水泡的道理,也要将其视如幻野马。幻是幻化、幻影的意思。

古代有位画家——韩干,有一天他在野外看到万马奔腾的场景非常壮观。他本身是个文人,手无缚鸡之力,但是他见到勇士操兵的高昂气概,骑马的英姿无比威武自在,心中非常羡慕;他一直有个愿望,就是希望能得到一匹千里马,表现他的马上功夫。

他当天回到家里,就在纸上下功夫,用画笔全神贯注地把记忆中的马画下来,一匹马、两匹马……每天他都在画纸上画下无数匹奔驰于旷野的骏马,经年累月下来,满脑子都是马的形象、马的影子。他的脑中无一秒是静止的境界，整个心性都是万马奔腾的状态。

有一天，他画得很疲倦，一趴在桌上就睡着了，但脑海中仍有奔腾于野外的骏马影像。这时佣人正好送点心来，开门时竟然看到一匹马趴在桌上。佣人吓一大跳，惊叫着向外奔跑，吵醒了趴在桌上睡觉的韩干，他就起身向外探望究竟发生何事？

只见佣人叫了一群人来，大家往里面一看，什么都没有。佣人述说方才所见的景象，韩干这时候才觉悟这是幻化的野马，因为他本身的精神集中于那里，所以心影幻化于外。他觉得非常可怕，真是"一切唯心造"啊！

人间原是五趣杂居地

"一念之间，十法界周圆"，只要起心动念的时间,就能遍行十法界。何谓十法界?即"四圣"、"六凡"——四种圣人及六种凡夫界之合称。"四圣"包括:佛、菩萨、声闻、缘觉;"六凡"包括天、人、阿修罗、地狱、饿鬼、畜生。

既然人的心念瞬间就能周遍十法界,如果生起一念的慈悲心——佛心,心境就与佛境融合在一起;若是生起勇猛精进心救度众生,只愿众生得离苦、不为自身求安乐,这时心念就已经在菩萨的境界中,这就是菩萨心。

"声闻"是指声音入耳根,启发了慧识。"缘觉"是既没听到教法、也没遇到圣人,但是他可以由本具的慧性缘外在的境界而了解道理。例如他抬头看到树叶变黄、枯落,就知道冬天到了,进一步更体会到人生无常;听到水声、看到水流,就会联想逝者如斯,岁月像流水一样不再回头。

孔子有一天站在河边,看到流水奔驰而去,他感慨万分地说:"逝者如斯夫,不舍昼夜!"他能由此领悟时间、年龄的逝去像流水般,这可以说是"缘觉",也是圣人的境界。

一般社会人士付出爱心帮助贫困的众生,但是却不了解佛陀的教法与道理,他付出一分就期待一分的回报,这是"天"的境界。有人说:"信我者上天堂。"——只要信仰他,就会上"天堂"。甚至也有人说:"你若来听我的道理、信我的教,就可以在天堂挂号、地狱除名。"许多人因此进入这个宗教,这就是有所求。

目前社会上许多人行善,往往不是为名便是为利。有人说:"我做好事,应该得到好人好事的名声。"当他接受表扬时就很高兴,这就是为名;而有些人则说:"我做好事有好报,所以多少要做些。"这是为利。

这些都是世间的善,这分世间善当然是很好,世间若有这些善人,则人世间一定会很美好。不过若能百尺竿头更进一步,不为任何代价、不为任何回报而付出,则能达到更真、更善、更美的境界;只要超越了凡夫心,就能到达菩萨的境域。

"天"还属于凡夫的境界,"天"接下来是"人"。人间多凡夫,五欲具足、善恶不分,所以这个娑婆世界又称为"五趣杂居地"。五趣是五种去向——众生由业因之差别而趣向之处:天、人、畜生、饿鬼、地狱,也称为"五道"。而阿修罗则遍布在五趣中,所以又可合称为"六趣"或"六道"。

阿修罗是有福无德的众生,这种人只因为过去生中曾做过善事,凭着做好事的福报而感生天界,但是他没有修心,还是易发脾气、起烦恼、斗争，样样都有。

世间充满了阿修罗道的众生，例如新闻报导菲律宾政变，一些军人背叛政府、发起政变，造成好几百人死伤；街道上布满尸体，真是惨不忍睹。这种行径的人就叫做阿修罗，好斗、好争、好战……

在此次政变中，政府不肯让步、叛军不肯投降，再继续这样下去，后果真是不堪设想！这就是人间的阿修罗道。

畜生之中也有阿修罗道，例如：斗牛、斗鸡，其他又有地狱、饿鬼道。所以，娑婆世界称为"五趣杂居地"；杂是很复杂的意思。佛陀是在人间成就的，贤人也是在人间修学而成就。世间更有许多十恶不赦的人，不论善人、恶人、圣人、贤人、凡人……都聚居在一起，因此称为"五趣杂居地"。

拨开云雾见青天

身处人间应该以智识去分析事理,心念不可迷惑于世间的幻相。学佛应该有所觉悟,以"幻野马"的智识去体会,假如不去分析了解"水上泡"与"幻野马"的道理,则"如是不观身,亦不见死王"。

不善于将色身与世间的物质看开,就是尚未彻见无常之理。"死王"就是无常,无常时时都在人的周围;若能透彻世间的幻相,就能了解生命的真谛。我们应该视富贵如浮云,它是虚幻不实的东西;若能如是观,则修学佛法便能彻见人的真实本性。

有句话说:"拨云见月。"云雾散开之后,月亮才会显现;众生心本如明月,但是多数人都被有色无实的乌云遮住心中的明月。所以我们要拨云见月,了知世间一切物质及人事正如水上泡,如此还计较什么呢?我们要自我警惕,时时抱持佛心,则当下就是佛;能常行菩萨行,当下就是菩萨。

设若看到人就发脾气、遇到事情就计较,将种下恶道的种子(因),将来就会遭受三恶道的果报。《金刚经》有句偈说:

一切有为法,如梦幻泡影,

如露亦如电,应作如是观。

人生有什么好计较的呢?多思惟这几句话,则能福慧无量。

八正道篇·之二

正思惟

正思惟——

谓人见四谛时,正念思惟,观察筹量,令观增长,是谓正思惟。

此段文句浅显易懂,其实简单的教法就是无上的法宝。善于运用者,就能终身受用;不能善加利用者,即使花一辈子的时间去追求,还是会一无所得。

佛陀的每一句教法,我们必须用心思惟,所以佛法中有"闻思修"之学。每个人都是学而知之者,不是生而知之者。如果一个人出生后什么都懂,不必学习就明白事理,那必是一位超凡的圣人,一般人都是凡夫,所以要学而知之。

学法,一定要先从"闻"起步,须多听法;但是,闻而不思则罔——听了之后若忘得一干二净,完全不经过思惟,那就没有一点用处了。所以,我们听完道理后,要好好做一番思惟。

所谓"思惟",是用心去体会所听的法,然后要运用于日常生活中的行为举止上,这就称为"行";行是行动,也是修养。"闻、思、修"能同时力行而无漏失,就可以修得"戒、定、慧",完成三无漏学。

所以,这虽然是简单的几句话,我们还是要好好地思考。

开口动念无不是业

我们日常生活中一切的行为动作,都是由

内在的观念、见解所表现出来的。如果我们的心念稍有偏差,就会"差之毫厘,失之千里",所作所为,最后必定与目标相差非常遥远。我常说,圣人与凡夫之间的距离很远,凡夫是圣人的起点,圣人是凡夫的目标,如果在起点上稍有偏差,走到终点就会相差千里之远。所以,我们平时的观念和思想,不能稍有一点疏忽。

"谓人见四谛时,正念思惟"——四谛法,是三十七助道品的根本道法。学佛,不论是大乘或小乘都离不开四谛六度的道理,这四种真理与六种行动是佛法的基本内容。四谛法是佛法的基础,六度是学佛的过程。这里说"人见四谛时"——"见"是透彻、了解,若是了解四谛的道理,就能"正念思惟"——见解与观念就会很正确;如此,行为举止就会非常端正。

《地藏经》中有段经文说:"南阎浮提众生,

举止动念,无不是业,无不是罪。"我们在日常生活中,口一开、舌一动都离不开业。当然,所谓的业,有善业与恶业。若是劝人为善、教人守正道,那开口动舌就是修了善口业,这是福业。如果从中阻挠破坏,开口动舌都想阻碍别人的道业,那就造了恶业。所以,《地藏经》有云:善业与恶业无不是在开口动舌中。

我们要使众生造福,首先要考虑的是:莫让众生造业。普贤十大愿王:"一者礼敬诸佛,二者称赞如来……九者恒顺众生,十者普皆回向。"十种大愿中,为何要提出"恒顺众生"呢?就是不要让众生造口业,不要使众生有障碍道法的罪业。所以必须先迎顺众生,使众生欢喜而起赞叹之心,如此就可以成就功德。所以菩萨修行时,首先要注意不扰乱众生的心思,要恒顺众生。

既知业有善业、恶业,就要把握因缘,使众生造善口业,使他赞叹佛法,种下善的种子;绝对不可执著在自己的理上,使众生造业。有句话说:"理直气壮",得理不饶人,有理就要争到赢为止,这是错误的。我们应该将这句话改成"理直气和"。虽然有理,但是要时时"气和",不可"气壮";太刚强就会破坏人与人之间的和睦。若能"理直气和"、态度温柔,这样不是非常完美吗?

普贤菩萨就是以柔和善顺来引导众生,使众生的一切动作都能合于佛法、赞叹佛法、完成佛法。所以我们学佛一定要非常谨慎,所有的思考与观念见解要时时为众生着想,不可只为自己争个"理直气壮",要为众生考虑,行道时要使众生培养善业,这样就称为"正念思惟"。

循序渐进老实修行

"观察筹量,令观增长"——在这个人生道上,我们所做的一切与所求的一切,要好好运用智慧观察与思量。学佛并非今生此世就能成就的,也不是无中生有的,总而言之,是"如是因、如是缘、如是果",因缘必须长时间来成就。

看看佛陀的修行,经过三大阿僧祇劫,累生累世都在积功德。他不只积福也同时积慧,如此才能够成就。"筹量"的意思是指时间的长短,有些人认为,若是有心想修行,就要与佛一样一生即完成道业。须知世间没有不须用时间来修行成就的道业,例如学生在校求学念书,也是要依照学校安排的课程进度来修学分,何况是学佛求道?总而言之,学习任何事都要按部就班。

有智慧的人,一定会依照顺序去修行,循序渐进。佛在世时曾说了一个故事:

有一位国王有个心爱的女儿,从她出生之后,国王就百般疼爱,每天盼望她快快长大,期待她变成一位美丽可爱的少女;国王每日朝思暮想,希望理想能早日实现。

于是他昭告天下,看看世间有没有一种使人马上成长的灵药。慈悲的佛陀知道国王的思想不正确——智慧缺少筹量;于是派遣一位精通医术的医生,并嘱咐他向国王说他有方法使其爱女马上成长。这位医生很怀疑地对佛陀说:"世间没有药物能令人立即成长,为何教我去呢?"佛陀跟医生说:"你告诉国王,你必须去寻找灵药。在这段时间内,禁止国王与女儿见面,这样就可以了。"

医生遵照佛陀的教法,就到国王那里,对国

王说:"我有一种灵药,可以使公主快速长大。"国王问:"哪种灵药呢?"医生答:"这种药的产地非常遥远,您必须给我一段时间去找寻。只要能找到这种药,任何时间服用都会马上成长。不过,我有一个要求,希望国王在我尚未找到灵药之前,先与公主隔离一段时间。"

国王为了让女儿能快快长大,就答应医师的要求,与女儿分离一段日子。时间飞逝,转眼间十二年已过。有一天,这位医生终于又来到国王面前,对国王说:"我辛辛苦苦,好不容易从远地取来这种药物,今天您就可以看到公主已经长大了。"

医生就把公主请出来与国王见面,国王一看,自己的女儿真的已经长大成人。十二年前,她还是襁褓中的小婴儿;十二年后,她已变成一位亭亭玉立的美丽少女。所以他深信是这种灵药使女儿长大的,却忘了这段时间已经过了十二年,这是没有筹量时间的问题。

透彻四谛十二因缘法

佛陀以这个例子跟弟子说,众生只想要立地成佛、学佛见道,但是却忘失十二因缘的过程。何谓十二因缘?第一是"无明"、第二"行"、第三"识"、第四"名色"、第五"六入"、第六"触"、第七"受"、第八"爱"、第九"取"、第十"有"、十一"生"、十二"老死"。

人在六道中受苦,反复轮回,就是因为一念"无明"起,无明即烦恼,"无明"缘"行","行"缘"识",业识推动七识,七识即思想,在思想观念中又向前推至"六识",六识缘著外在的尘境,身体就会造业。业识的因种下去后,便带业投胎,称为"名色"。"名色"缘"六入"——有了名色,六根在胎内就会慢慢生长。十月怀胎,六根具足,出世后就与世间接触,这是六入缘"触"。

与世间接触后便会慢慢成长,带着先天的业因,加上后天的缘来培养,所以有种种感受,苦受、乐受……这就是"触"缘"受"。有了感受就会造业,因为有了感受就有爱或不爱,此称为"受"缘"爱"。依爱与不爱而造业,就生"有"——有新的因产生。过去种下的因,现在已经得到果报,在果中又造因,就继续种下因。因与果不断轮回,直到一世的"生、老、病、死"结束,又种下来世的因。

这就是十二因缘,每一个众生来人间,都离不开这十二种因素。

上则故事,是佛陀举的譬喻。国王希望女儿快快长大,却忽视了女儿在十二年间的转变;好像一个修行者,想学道修行,却忽视了过去的因——也就是"福"与"慧"。

我们想成就道业,必须有过去的福慧资粮,才能够统理大众、成就道业。有的人修行了几十年仍然未成道业,便怨天尤人,埋怨人为的因素,却忽视了自己过去的福慧。所以,学佛时要用心于四谛十二因缘法,不只要透彻了解,还必须把握时间去受持,努力累积福缘与慧业。

有智慧的人不会斤斤计较,多付出就是积福德;能够与所有的人和睦相处,就是积福慧。在日常生活中应多加注意,不可离开四谛十二因缘法,一偏差则差之毫厘、失之千里;若能如此,就称为"正思惟",也就是"观察筹量",增长正因正缘。

八正道篇·之三

正语

每个人都应该多注意自己的思想以及言语,而这几项中最容易造成业因的是口,因为开口动舌是件非常简单的事,不必花用多大的气力就能轻易地出声说话。与人谈话时,常会使人改正观念,若以正语(正当的语言)来引导人,可以使人改正观念,向于正道;设若有一句戏言或是不负责任的话,很容易导人误入歧途而不得自拔,这种言语真是可怕!

所以我们修行,一定要谨慎注意日常生活中的开口动舌,必须说正确、负责的话,这就是"正语"——八正道中的一种道法。

正语——

谓人以无漏智慧常摄口业，

远离一切虚妄不实之语，

是为正语。

人必须时时发挥无漏智慧，无漏就是断烦恼，去除杂念；能自佛法中得一善而拳拳服膺，就称为"无漏"。

断烦恼就像取盆盛水饮用一样，必先将盆洗净。当食物煮熟要放入锅子之前，要先洗净锅子，这锅食物才能保持卫生、可口；锅子要盛食物，还必须没有漏洞。

断烦恼、去杂念就是要先清净心地，然后恭闻佛法；听后要想实际应用就必须没有漏失，如此清净又无漏才能受用。所以说，"以无漏智慧常摄口业"；修行要修得心灵清净，也要修得无漏。

孔子称赞颜回能"得一善而拳拳服膺",因为颜回听孔子的教法很少有疑问,也很少发问;他能静静地听,用心去思考,然后应用在日常的修养中。

一般人平时听法,任凭法师说多少教法,总是一面听进去,一面漏出来,到底受用的有几句?千言万语,往往得不到一句!

佛陀曾说:"虽诵千言,不义何益?"虽然听了很多法,口中也能宣讲千言万法,却不能实行,那这些道理又有何用?听而不受用,就叫做"有漏"。故佛陀说:"不如一语,闻得可度。"——不如听取一句话,谨记心头并时时拿来应用,那我们这一生就能自度。

杯子的缺角不去看它便是圆的

记得某次行经台北,有位委员为我端了一

杯茶,杯子稍有缺口。她说道:"师父,真是抱歉!这杯子缺了一角……"我回答:"缺角的地方不去看它,整个杯口就是圆的。每个人都有缺点,若不去计较缺点,则每个人都是很好的人。"

佛陀在《法华经》中有一段文意如下:

"有位父亲精通药理、医术,他帮全身是病的儿子看病下药,儿子却不相信自己的父亲是位高明的医生,而不肯服药。

"有一天,这位父亲将儿子必须服用的药品准备好,留在家中,然后外出周游他国。他到了遥远的国家后,派人回去告诉儿子:'你父亲已经死在他国,再也回不来了。'儿子一听到父亲客死异地,永远不能回来时,心中无比悲伤。此时他才自觉身体有病,医术高明的父亲生前为他准备药品,他却不知服用,这时全身的病痛,有谁能救治呢?

"他心焦如焚,于是开始找寻父亲为他准备的药物,找遍了父亲的书房,才找出这帖治病药方。他再无疑心,非常珍惜地服用,不久就将疾病治愈,恢复了健康。"

佛陀在世时举此例为譬喻,说明人都有"贵远贱近"的通病,人与人之间相处愈亲近,对方所说的话与所谈道理,愈无法体会与了解。大部分的人为了钱财争生拼死,招惹许多烦恼与痛苦,也有许多人在银行中一天到晚算钱记账,算得非常厌烦,一点也不快乐,那是为什么呢?因为他是为别人数珍宝,那些财物都不是他自己的!

现今有许多传道者或说法者也和银行、珠宝店的人一样,都是为他人算钱、拣珠宝,不知自己究竟得到什么?既然什么都没得到,也不觉得欢喜快乐,实在是非常可惜,错过许多时机。

学佛,最主要是希望能在日常生活中借人事以练心——借人事来警惕自己、借外相来教导我们,使我们自我反省、断除烦恼。若不知善用人我是非作为修行的工具,反而处处计较,招来满心烦恼,未免可惜。所以,我们必须放掉过去的杂念,谨慎于今天的道念,把心思放在举止行动上,这就叫做"道心"。

我们平时工作,若是拿起这个、掉了那个,叫做散乱心。拿东西时,若是能轻轻拿起、轻轻放下,使周围的环境安详寂静,则称为涅槃。日常生活中的举手投足,应该轻轻地提起,温柔地放下,使人人都生活在平和静定而不急躁的气氛中。若能如此,则容易修得"无漏";若能常存道念,就能增长智慧。其实,无漏与智慧是我们修行的最终目标,若将其应用于日常生活中,就能轻易地修得;若不会应用,目标就会离我们非常遥远了。善用者当下即开悟,不善用者,即使经过三大阿僧祇劫,还是同样在迷途中。所以说,我们要勤修无漏智慧。

一句戏言堕五百世猴身

"以无漏智慧常摄口业,远离一切虚妄不实之语。"——有时候我们说一句话也会影响"无漏智"的修得,所以日常生活中要时时注意、自我警惕,开口动舌无不是业;欲不造业,则必须以无漏智慧来收摄口业。口业为重,有时候一句戏言、玩笑话语或是取笑别人,也是会造下不可收拾的因果。

佛世时,有一群婆罗门教徒行于树林、溪边(婆罗门教的修行法大多是拜火或是修水行),

这群修水行的外道者，在溪边的树林看到一群狝猴在水边戏水、林中跳跃，他们心中想着："人与畜生究竟造了什么业，而生为人、生为畜生？"心念转动，就相互议论研究。

这时候，他们远远地看到佛陀，威仪庄严、形态安详地沿着山路向他们走近。这些修水行的外道者立即离开溪边，来到佛陀的面前，起了恭敬心，同时就刚才相互议论的问题来请教佛陀。大家指着狝猴群问佛说："这些猴子是造何业因而来？"

佛陀很安然地回答说：

"过去无量劫以前，有一位得到无漏智慧神通的修行者，他在山中修行，在溪边生活，行动非常轻盈。过河时如行于陆地一般轻盈灵巧，走路时像风吹云而过月，无比威仪、无比自在。"

"那时有数百个外道修行者看到这位修行

人,起了嫉妒之心,不但不赞叹他的修行,大家还起哄说修行者轻盈敏捷、翻山越岭的行动,好像猕猴登山爬树一样。一群人边说边笑,结果由于这句戏言而堕入五百世的畜生猕猴群!"

业报多么可怕呀!我们存心说一句戏言,或是取笑别人,这个因果就累世不得开脱。佛陀为这群外道修行者说这段过去生的小故事时,那群猕猴本来在树上跳跃不止,听了佛陀的说法后便静止下来,边听边流泪。这足以证明这群猕猴在无量劫中沦落畜生的身形,是多么地痛苦啊!

一句话轻易地说出,竟然招致五百世堕入猕猴身,实在是非常可怕!所以我们平时说话,必定要慎重其事,绝对不可轻视他人,也不可轻易造口业。学佛,必定要以无漏智慧来收摄口业,如此即可"远离一切虚妄不实之语"。

所说的话句句真实、句句负责任,就称作"正语";反之则是造口业。我们的口常犯四种恶语,即"妄言、绮语、两舌、恶口"。修行要好好地为自己所说的话负责,日常生活要记得放弃昨日的杂念,要谨慎今日的举止行动,时时刻刻处于寂静的境界中,在工作中也必须善加用心体验;若能如此,则可得到正语及智慧。

八正道篇·之四

正业

人的一切善恶思想行为都是"业",它能延续过去因、也造就未来果。业有善业、恶业,是行动之后的结果;但是业有分前、后,前后不断延续而成因果轮回,说明白些——业就是果。

譬如种树,一切植物之所以能生长,就是因为有种子,种子可以长成大树,大树结出累累的果实,果实内的种子落地后又会成长……同样的,人因过去的行为而成就现在的形象;由于现在的形象而应现未来的果报,业的种子即由此而来。

业必须正,要有正确的业,心要保持正直,

心正、念正、见解正,行动自然会端正。正是正道,我们必须善加选择所要走的道路,无论见解、思惟,或是开口动舌,都要好好警惕自心及外在的行为,一点也偏差不得。

正业——

谓人以无漏智慧修摄其身,住于清净正业,断除一切邪妄之行,是谓正业。

热心消退之后,犹如废铁。

我们已经学佛,学佛最主要是修心养性。修心是内化的功夫,养性是往下扎根、坚固道心。凡夫,心思散乱、观念偏差;从无始以来,我们就是以无明来延续业因,才造成今世凡人的果报。现在必须借修心返回平静的本性,把浮面的凡夫心好好修养,回复清净的圣人性。

凡夫是一种虚幻不实的形态,凡夫心就是无常。今天很热切地发心、很坚定地发愿,认为自己必能将工作做好、完成理想,但是却经不起时日的考验,日长月久,那分热心很快就消逝了。

热心消退之后,众生刚强的心态如同废铁一样,既冷又硬,这就是凡夫心。听了善法而发心,就像废铁丢入镕炉中,一遇热火,顽硬的铁就会软化;但是炉火熄灭后,这些废铁、杂铁还是还原成坚硬的形态。

废铁在当初是新铁时,是非常有用的精良器具,因为年久日损,缺乏妥善的照顾与保养而变成无用的废弃杂铁。众生与此相同,原本皆有精密、可利用的性能,因为在世间沾染各种习气,所以成为杂乱污浊的凡夫心。

所有的铁都有成为好铁的可能性,等到变成废铁时,就已经成了废弃无用之物。不过这些废铁若重新放入烈火之中烧炼锤打,再以冷水散热,然后继续千锤百炼,则废铁将可以还原为精良的器具。与此同理,凡夫的心只是外在的、表面的,并非本性就这么坏、这么硬;不过是经过累生累世的时间而成凡夫之劣根,修行就是要加强意志,将凡夫心再修练,使它回复原来光明的本性。

在"五根"、"五力"中已谈过,一个人只发心是没有用的。爱心发芽后很容易就会败坏、断损,所以必定要向下扎根、往上生长。根是本性,好好培养根源,自然会向上增长得很茂盛。因此我们要修心养性,仍必须先借人事、环境、时日开始做起,多多利用人事,来培养自己的耐心与耐性。如此,一切动作就可以归于正业。

人应以无漏智慧修摄其身

所以,此处言:"人以无漏智慧修摄其身"——无漏就是清净,要清净心地才能看到自己善美的风光。每个人的心性都有真善美的本性，只是人们内心堆满垃圾，使心地被污染了；修心就是清净自心，心地清净之后，才能将佛法拳拳服膺，常常将善法谨记在心；而举手投足无不是美好的形态，所作所为，一切都是善的动作，这就是把佛陀教育的善法时时放于心念中。

例如，说话时心要放在言语上，说负责任的话，这就可以称为佛法或教法；若所说皆戏言，只为迎合人心，则是不负责任的话。说话时，心能放在言语上，则句句都是法语、字字都是教法。我们做事时，若能专心于举止动作中，则心地时时都是涅槃的境界，此即无漏的智慧。

若能在日常生活中学以致用，使心意清净，让佛法深入心中，发挥我们的智慧与功能，则能"修摄其身"——心念与动作不放荡散乱，不做无谓、无益之事，所做的一切无不是佛法、无不是引导众生的举动，以身作则，就叫做"修摄其身"。

修就是不乱，摄就是专，所以身与意能平齐。凡夫常常身不由己，身体的动作与心意不能配合，所以称为凡夫。为何身的动作与心意不配合呢？是因为受了业力的引导——平常我们就一直想做好事、想要行菩萨道，并站在菩萨道上引导自我的身心，却常常被非内心的本意所牵引，做出遗憾终身的行为。所以身与意不能时时配合，这就是没有修身、没有摄意。我们现在要修摄身心——从身体上好好修行，在意念上善加修摄，使身心一致，称为"修摄其身"。

柔能调伏众生，刚能坚强己志

若能做到这些，就能"住于清净正业"；心常处于清净正业，行为自然清净正直。清净就是公德心,也就是发心,我们的心若污染了,就有烦恼业;若是清净就有公德之行,而一切的动作皆在清净的正业中,这就是菩萨的行为。

心若不清净,就会表现出凡夫的行为,这种自私自利的污染心,所做的都是染著的业。清净之行则是一切作为皆以众生为重,没有自我,这叫做"清净心、清净业"。

"断除一切邪妄之行"——若能好好修身正行,自然能断除妄念邪行,修养好本性。修摄身行是外在的,借事练心是指修摄凡夫心。我们必须注意,心念与行为都只是修心的阶段而已;若能够安然自在,不特别注意自己的举止,仍能表现出和谐清净的行为,就称作"养性成就"——由习惯而成自然的行为。凡夫的杂乱也是一种习惯,圣人之所以开口动舌就能震撼人心,也是慢慢培养成的,久而久之就转化为自然的习性，一切的动作行为无不是本性的表现；也就是已经"断除一切邪妄之行"。

"断除"是完全灭除的意思，绝对不会起退道心或退转念。一般人看到别人行善时，当下会感动而发心，但是凡夫心往往经不起时日的考验，很容易就生出懈怠顽劣的心态，使道心很快就退失。

真正的圣人称为强人，他的强是柔中带刚，刚中带柔；柔能调伏众生，刚能坚强己志。因此能坚定自己的心志，则能肩挑如来重担。如来的担子有多重呢？普天之下的众生有多少呢？若没有坚强有力的肩膀，就没有办法担荷如来的家业。所以，对自己要坚强心志，但是对众生必须有柔软、温和的气度；如此，才能恒顺众生，统理群众。这就是圣人、贤者，也就是强人。

凡夫外表刚强，内心荏弱

凡夫外表看起来非常刚强，但是心性却很顽固软弱。《法华经》中说，佛陀将涅槃时，非常担心娑婆世界的众生，所以一直在口头上明说，希望弟子能担起如来家业，但是他的弟子中，没有一人敢在佛陀的面前发心说："佛陀啊！请您放心，我将为您担负普天之下的众生！"唯有他方世界的菩萨显现在佛陀的面前说："我发愿在娑婆世界担起如来家业。"他的弟子就向佛陀说："佛陀啊！并非我们不肯发心，而是娑婆世界的众生太刚强，我们若是发心度众生，绝对不敢再来娑婆世界，但是却希望能在他方国度度化众生。"

佛陀在世时，他的弟子都不敢担负化度娑婆世界众生的如来家业，可见娑婆的众生有多刚强呀！凡夫很难受教，很容易退却道心，所以无法断除邪妄之行，有如在苦海中沉浮一样。看他似乎快浮上来，但很快又再沉溺下去。佛陀为了救度众生，真是费尽心思口舌。

身在娑婆世界，时时有人事来洗炼自己的心，也有佛法常常鞭策警惕我们，在这么好的修行环境中，要好好把握机会，柔和善顺地对待别人，并坚定心志求法修行，以无漏智慧修摄己身。希望我们日常生活中的一切动作行为，都在菩萨清净的正业中；不可只为私人的利益着想，而应为众生服务奉献，这就叫做"清净正业"。

这就是我们修行的目标，若能做到这样，日长月久，内心一切的污染自然就能消除，道业便常在正道中，不会有邪妄的行为，此即称为"正业"。

八正道篇·之五

正命

业的形成是因为众生有存活生命的本能，有生命就有行为动作，也就会产生业。福业与恶业，无论是幸福或是罪恶，都是众生为了活命才会造就这些善恶的业。我们若能正确的利用生命，则生命力可累积福分。

蠢动含灵皆是命，有知觉的众生都称为生命，有气息的出入就是有生命的存在。气即呼吸，呼吸存在则众生还活在世间，当一口气不来时，命就断了。一期、一期的寿命称为"分段生死"，如幻的命根也有变异生死；能了断变异生死，就是四圣慧命的慧根。学佛就是希望能去掉如幻的变异生死,进而延续四圣的慧命。

四圣的慧命就是出家修行所证的境界,这里所谓的出家不是形式上的出家。出家有所谓身与心俱出家、心出家身不出家、身出家心不出家的形式。当然,因缘具足时,身心出家则能延续佛的慧命,假若因缘不具足,宁可心出家而身未出家,如此尚有功德。以出世的精神入世、发挥生命的功能,成为正信的在家居士,这也是功德。假使身出家而心没出家,不但在修行的道路上无法自立,反而破坏了佛法,这就是一种邪命。总之,发心老实修行的人,就是真正学佛的修行者。

正命——
谓出家之人,当离五种邪命利养,
常以乞食自活其命。
真正要学佛修行的人,应该远离五种邪命。

五种邪命是指一些人为了自我的利益而不择手段，争取世人对自己的供养，以求不劳而获。

佛陀在世时，制定弟子日中一食、托钵活命。佛陀本是一位太子，他可以享尽人生荣华富贵的生活，但是为了清净心地，毅然割舍利养、辞亲割爱，离开了利诱的环境去修行。经过五年的参学、六年的苦行，终于完成道业，彻悟宇宙奥妙的真理。

佛陀自觉自悟之后，便开始教化众生。既然要度化众生，就必须先以身作则；虽然他已成佛，在迦毗罗卫国时，父亲贵为一国之君，统御天下，但是他仍然以身作则，守持身心、远离名利。他领导弟子沿门托钵，没有师徒之别。他的弟子群中，甚至包括他的姨母、妻子、堂弟及儿子。当时印度的社会划分为四种阶级，地位差异悬殊，若身为奴隶则永远都是奴隶。但是若加入佛陀的教团,则众人一律平等,没有高低贵贱之分;为了生存,就得亲自出门沿路托钵。哪怕是贵为皇亲贵族,皆与庶民同等待遇。

譬如佛陀的弟弟是王子的身份,佛陀的堂弟也是王族,身份地位非常高贵。而地位低者,尚有在宫内打扫、理发的奴隶;奴隶在当时是地位最低下、最令人瞧不起的人。但是无论何人走入佛门,就完全平等看待、无高下之别。所以,佛陀特别制定乞食的生活清规。

若僧团中自设炉灶,就会造成有人做事、有人不工作的情形,这就是不平等。佛陀制定乞食的生活规范是为了领导僧团,调伏弟子们的贡高我慢心,使那些皇亲王族的出家人去除骄傲自大的心理,也使本来具有慈悲善心者能提高自信心。佛陀为此制戒:"日中一食,树下一宿,各自托钵以活己命。"

这就是所谓的"常以乞食自活其命",这是原始佛教僧团生活的形式。佛陀领导一千多人的僧伽团体,而能人人和睦相处,就是因为给予每个人平等的待遇,才能人人和平相待。

比丘托钵不得超过七家

佛法传至中国,背景形态与印度有所不同。因为佛教尚未传至中国时,中国已有道教的流传。道教是修仙道,也是修行的一种,修道者通常选择安静之处修仙练道。中国名山胜地奇多,这些人就在风光明媚、山明水秀之地建造道观。

中国的地理环境与印度不同,印度僧团多远离人群聚落而居;而中国则山明水秀,修行人就选择山水优美之处安居,自耕自食,自谋生活,不需要到人烟较多之聚落乞食。所以中国的修行者多于深山各立丛林,于是寺院道场渐渐增加。有了丛林,便自己种菜、种稻、五谷杂粮……生产食粮供养自己。当然,他们并没有将佛陀的托钵制度废除,只是变成"化缘"的形式。所以,人们都认为出家者沿路化缘也是修行的一种方式。

但问题就出在这里,佛制定的托钵只是一碗饭而已,以今天能填饱肚子为限,故称为"应量器";现在的人称它为钵,在佛教中亦可名为应量器。佛陀制定出门托钵只能乞讨七户人家——假如第一户无人在家,则托空钵;到第二户时,他们刚下工还未煮饭,则又是空钵;再至第三户人家,他们连本身都养不活,所以没有剩余的饭菜分给僧人,便又是空钵。

总之,佛陀制定规则,沿门托钵不超过七家。七家都托空钵时,就要好好自我反省:今天自己欠缺德养，没有受福的分，所以回去要善加修行。若出门只托一家就满钵时，要为自己祝福，并感谢众生的恩德，要为众生祝福，并知足而回。这是佛的制戒，只以一碗饭为满足。

而中国将托钵演化为化缘，化缘则不限量、多多益善。这就变成邪命，已非以应量器为限。若不善加应用，取于十方、用于十方，就不是"功德无量"，而是贪求无量啊！

过去的祖师，把中国修行者容易犯的垢行分成五种，称作"五种邪命"：

一、诈现异相。

二、自说功能。

三、占相吉凶。

四、高声现威。

五、说所得利，以动人心。

第一种邪命——诈现异相

"诈"是不实、虚伪,例如"未得谓得"——自己尚未得道,一点功德也没有,但是为了使众生供养自己、尊重自己,便告诉别人说他已得道放光、惊天动地,说法时天龙八部都会现前!众人所以没看见,因为是凡夫肉眼,所以看不到。有的人听了这些话,就会认为:对方很了不起,他说的法虽然平凡人听不懂,而天龙八部却都很欢喜地来听;为了怕丢脸,就干脆说自己也听得懂,这叫做"诈现异相"以惑人。

有的人甚至说:"我处于深山之中,人烟隔绝,不食米、不饮水、不吃果,却能存活,这是我得到了神通的缘故。我坐禅时,得到宿命通,知道你过去生是如何、如何……"

总而言之,诈的意思是不实、奸诈,诈骗众

生、对自己不忠实,这正是佛陀教诫中最严重的罪业。在《法华经》中,佛陀说:"未得谓得,是大妄语业。"尚未到达某种境界,却告诉他人"我已得到什么……",这是大妄语,也是大邪命。

佛陀严戒弟子显异惑众。纵然有德,也不可宣称自己能知过去、预测未来,应该隐己之光明,现凡而不可现异。因为佛设教是为了人间众生,所以讲法时必定要讲大家日常生活能了解的教法,不可说些高深莫测之事,如此反而扰乱众生心性,使人迷乱颠倒。

看看现在有多少热心想修行的人,却精神错乱、是非颠倒,那就是因为他所接触的宗教太过于高深莫测;脱离现实的人生,而追求"诈现异相"的境界,使得初学者不解道理,道未得而神先乱。所以,纵然已得到宿命通或其他神通,还是要隐藏这种凡人无法理解的境界,不可有诈现异相的言行。

所谓修行者,不只是指出家弟子,在家的佛弟子也包括在内;佛弟子要远离五种邪命,不能以邪求、邪思求得利养。

学佛是希望能回归本性,本性是纯真、单纯的,纯则不杂、真则不诈;修行是要回归本性、彻见实相。《法华经》的经义是教导我们去除小乘的无明,回归一乘的实相,返妄归真。"未得谓得"——尚未彻见真理,却说自己已得道、见道,这就是妄语;尚未证果,心性还未与理会合(性与理相互会合才是真正的开悟),而说自己已证果、已得果,这都称为"诈"。

"异"是指神通变化,凡夫所言是神通莫测的异相,我们必须自我警惕、远离异相,不可犯了这种毛病。世间人则要小心谨慎,日常生活中莫贡高我慢,以为自己怀才不遇,这也算是

"未证谓证"。

慧能祖师慧性本具,闻一理即了彻本性,尽管他未曾受过教育,却能一闻道理即悟入本性。他初入僧团时,就在石磨坊中工作,一进去就是八个月,只在工作房中默默地劈柴、舂米。八个月后,他在前庭遇见五祖,五祖问他来多久了,他答说八个月,五祖对他的应答很满意。

他虽然不识字,却非常有耐性,即使无人教导、无人鼓励,他仍能专心一意地做好本分事。一般凡夫,能找到几位具有这种耐性的人?六祖每样道理都懂,否则就无法以一偈来显现原来的本性、真理,这就是圣人。圣人与凡夫之别在此,凡夫所犯的毛病是诈现异相,圣人则是透彻实相。

第二种邪命——自说功能

何谓"功"？即内能自谦。谦虚是内在修行的功夫，愈有修行的人就愈是谦虚，愈有学问的人愈觉得不足。因为世间的学问浩瀚如大海，何况出世的教育更是无量无边。了解道理后，知道自己距离真理尚远；与正道差一大截，才会自觉渺小，努力向前精进。

所以，最怕的是自大。以为自己很伟大、功能很充足，这便是贡高我慢。学佛要缩小自我、扩大心胸、求取学问。缩小自我就是展现我们的内在功能——谦虚，扩大心胸就能好学不倦。佛陀的三藏十二部经，若以图书馆收藏而言，总是有所极限；假设能放在自己心性的藏经橱中，则无有限量。人人都有一个广大无边的藏经橱，那就是本性。

若能以自心来吸收佛法的教育,不断地追求、发挥效用,则"一理通、万理彻"。能体会一理的真相,就能像一个无量广大的藏经橱一样,而日常生活中的人与事,无不是三藏经典中的文章。

过去有一位祖师说了一个譬喻,他说:"苍蝇在纸窗前一直飞钻,再怎么飞钻,也无法飞过那层薄薄的纸。"所以,一个人若只在纸上文章中转来转去,再怎么钻也没办法钻出道理来。因此我们应该心胸开阔,包容宇宙的一切教化,这就是自心所拥有的宽大藏经橱。日常生活中的每一事、每一人,无不是让我们学习容纳接受的教育,我们应透彻实相,才有真正广大的心胸;不可稍微了解事理就自满自大,学佛不可自夸功能广大。

第三种邪命——占相吉凶

学佛不可动不动就占卜相命,须知我们原是依善恶业而投生人世。"凡夫被命转,圣人能转命",因为凡夫一切都是依命运来安排。所谓命运,在佛法中称作"业力",而世间人则称作"运气"。

"业力"是指我们这辈子所受的果,是由过去生种的因而来。现在有许多人常感前途茫茫,不知所从?这是因为业力无形也无影,既看不到也摸不着。这种无形无踪、无影无相的力量,称为"业力"。世间人说"运气",气与力是同样的意思,人的心理与形态在无形中会被运气所转变。

"相"随业而转

凡夫非常关心自己的命运,但自己又无法预知,所以就找人算命。过去的算命先生大多是盲人,他们由于眼睛看不见才去学算命,而许多眼明的人却拿自己的命给盲人算,这不是很矛盾吗?

一般人认为人的命理在八字,八字是时辰;人生在世何时落地,八字命理已有定数,由不得自己。至于算命算得准吗?对于那些迷茫、不知所从的凡夫,都能算得准。因为算命先生怎样说,他就怎样做,所以自己的命已经被人掌握、控制了。

譬如有个人想做生意,不知最近自己的运气是否通达,就去算命。算命先生说他上半年运不亨通,最好诸事莫做;他信以为真,所以即使有很好的创业机会摆在眼前,他也任其白白地丧失。眼见别人做此事业发财赚钱,他更相信自己的运不通,别人能赚钱,而自己就是命不好,没有这种发财运。

其实,他就是因为听信算命先生的话,自己不肯去做,而别人已经赚大钱了,他仍说算得很准,这就是迷信。

算命若能算出何时可赚钱,何时可避免灾难,我想,世间的大事业、成功之事,都被那些会算命的人做去了。但是,这些盲者对自己的命却茫然无知。算命的大多是为了生活才从事这项工作,所以不值得迷信盲从。

出家人若学会这种占相吉凶就是邪命,不是出家人的本分,也不是佛弟子应该学的事。面相既会随着业而转,如何由其面相得知此人是善是恶、何时会遭遇什么⋯⋯虽然他过去面有凶相，但如后来肯改过、做了善业功德，无形中就会因此转运。当面评断此人是福是凶，往往会使人身心受损，会影响旁人对他的见解；所以我们不应帮人占相，也无须为人看地理风水。福人居福地，任何地理都受此人过去所带来的福业与恶业所影响，由不得人。一间屋子的位置若只凭粗俗的见识来论定其风水，则居住下来一定不会平安，因为居住人的心态已经受到影响。

有位教育水准很高的人曾告诉我："师父！我请一位人士帮我看地理，他说我的住宅风水不好，人住进去不会平安；这是不是真的？"我就说："心安则地灵，人心若很平安，地就清灵，住宅也会很吉祥；心若不安，则土地即使有灵也会变成凶地，一切唯心造。请问你当初买这房子时，是否非常满意？"他回答说："当然。"我又问：

"那你搬进去住时,觉得如何?"他说不觉得不妥。我就说:"既然满意便是吉地,便是吉祥;你若能抱持当初喜欢这房子的心,那就吉祥!"

他听了之后对我说:"师父!这可能是真的。当初我买这房子时真的很高兴,但是后来我的女儿搬出去住,我便开始怀疑是否房子有问题,否则女儿与女婿为何要搬走?我才请人帮我看住宅,结果他看了之后说这房子住了会不安定。"

我问他的女婿、女儿从事何种行业?他答说女婿当医生。我又问他的居处在何地?他说在天母的一个社区,并且是第八层的公寓房。我问他女婿搬家的目的?结果原来是想开诊所。

我就说:"对呀!你这是八楼的公寓房子,要如何开诊所?他娶妻是要成立家业,不是入赘到你家和你做伴,所以搬出去发展自己的医学技能,这并没有错呀!"他恍然大悟地说:"那我怀疑这房子不好,是不对的啰!应该抱着欢喜心回去住。"我就告诉他:"你当然要抱着欢喜心回去,否则八百多万买的房子岂不白白浪费掉了。如果你一直说这房子不好、要卖人,别人也会觉得不对劲,所以你当然要抱持欢喜心回去住吉宅!"

他高高兴兴地回家了,经过两个星期后,他又和朋友一道来见我,他说:"师父,我真是心理作祟,过去那位先生说我的房子不好,我就住得很烦、很不安。自从听了您的话之后,回到家里,觉得心情非常轻松,这房子怎么看怎么漂亮。以前我一直想卖掉,现在即使有人出高价,我也不卖。"

抱着欢喜心守好本分,就叫做正命。如果

随便为人看地理,有时会造成别人的心灵不安、家宅不祥;所以要尽量避免,我们要常常自我警惕,不可学那种显异惑众的邪理,而把真正做人的道理都抹煞掉;只是一味谈鬼论神,说些高深莫测的事,这都不是我们的本分。

修学佛法要有正命,生活态度要正确、待人接物不能偏差。命,是生活形态、是动作根源,一切的行动举止、思想观念都必须正确。

正命的相反是邪命,邪命的第三项——占相吉凶,包括看命、卜卦、看风水、地理。学佛必定要有正思正念,今生的一切果报都是随着众生业力动作而感应的,人的命是一种奥秘不可言说、难以理解的事情,因为命随着人的心念、动作而不断在改变,命也会随定业不断延续;既是定业的延续,又不断在改变,那真正的道理何在?

所谓不断延续,是指迷茫的凡夫心懵懵懂懂,随着这颗业种来种因,然后发芽、生根,最后开花结果,这就称为不断延续。已懂得道理或是稍微了解道理的人,若不深入探讨、亲自体会,则将迷茫地过一生。

例如有两种人,其中一种是:他什么都懂,学识很高,家庭背景良好,求学过程顺心如意地往前进展,然后成家立业。家庭、事业与名利跟随着他,他很容易就被这些外在事物所转,根本没有多余的时间去深思熟虑了解人自何处来?往何处去?他一点都不去用心体会,所以糊里糊涂地随着过去的因而成就现在的果。

另一种人是过去种下不好的因,而得到现在的果报——出生在贫穷的家庭,然后在逆境中长成,一切不如意的事都发生在他生活环境的周围;随着坎坷、不如意的环境,他渐渐成长,既无家庭温暖的爱,又缺少社会、学校的教育,就此误入歧途。这也是随着业而显现于现在的果,业上加因、因上加果,同样糊里糊涂地生因结果。这叫做延续业力,这是糊涂的人生;不肯用心探讨人生的来源与去向,一生随着定业不断地延续。

也有一种是业不断地在改变;虽然在业的生活中常常身不由己,但是有了"缘",无论环境如何,他都能有所感触而去追求真理。

看看释迦牟尼佛,他虽然处在顺境中、生活无虑,但他却能应用智慧,观察人世间的苦——生是苦,病更是苦,老则非常无可奈何,死也牵肠挂肚。这是他亲自见到的人生过程,因此而想到自己将来也有这样的境界。这些景象使他内心有很多的感触,也启发了他的善念,一心想探讨人生的真理、宇宙的真义,再进一步思考人生的不平等问题；他觉得自己应该启发人性向善，调和人生的不平等。

释迦牟尼佛若是和普通人一样，承受过去的福而糊里糊涂地接受了福业的因缘，则两千五百多年前，迦毗罗国的悉达多太子，只是一个小国王室的继承人而已。但因为他对人生的智慧有所感触，所以舍离俗缘，而投入宇宙间真理殊胜的因缘；这是他自己断除俗因，延续未来的圣缘。因此，"命"也是可以改变的。

我们也是如此，有些对"生"有所感触的人，就想探讨生的源头而走入佛门；有些人受了外在环境万般的刺激，而投入宗教；也有人因本身受到满腹的委屈而投入宗教，去发挥爱心与生命功能。平常人都是对环境有所感触体会，然后促使他发挥生命的功能，这就是改变命因。

利根之人，一旦发愿就能断因；而钝根之

人,就会断断续续——在发心后若有好的因缘,便可培养一心不退的意念;若遇到逆境,就会因此路不通、受到阻碍而回头;若又有好因缘,他就会再继续前进。如此进进退退,便浪费掉许多时间了。

一切无心,命无定论

佛陀在世时,有一个大生意家,善于经营而名利双收。但是好景不常,他的家庭突遭变故,他很消极地跑到佛陀的面前请求说:"佛啊!我看破了,我想出家!"佛陀便圆满他的愿,说:"善来比丘!"他因而得出家之福,在僧团中开始修行。

他每日听佛陀说法,出外沿门托钵,回来便打坐、静思,经过一段时间,愈来愈觉得出家修行的生活千篇一律——只是听经、托钵、思惟而已,他觉得索然无味。有一天他忍不住对佛陀说:"我想还俗。"佛陀问:"你为何要还俗?"他答:"我看透了,所以想还俗。"佛陀也就随其心、顺其意地让他还俗。

又经过一段漫长的时间,他在社会上,体力一天天地消退,年龄一天天的增长,事业又处处不如意;他开始怀念起在佛陀的座下,每日皆无挂虑地接受佛陀的教育,过着无忧无虑的生活。这时,他才悔不当初。

这就是凡夫。凡夫面对圣人时,很容易发心改变自己的俗念,断弃俗缘而出家。但是在僧团中,年久日长便会觉得枯燥无味。如此反复不定,又再接续过去家累的俗缘,佛陀也没有办法转化他的命。

一切唯心,任何事都需要我们用心及用功。命无定数、是难以理解的,但是却可由我们所发的愿心来决定。虽然算命有时算得很准,但是一个人的愿心若不坚定,还是很容易改变的,所以命也随着业而转变。

我们既然学佛,就应该培养本身清净的意愿,无须去求人算命。我们并非江湖术士,学佛必定要有超然至高的思想,不可占相吉凶;应该多启发众生,使他们向善、步步超越,而非以命理控制他们的人生。

第四种邪命——高声现威

学佛修行重在修养自己。何谓"修养"?有两个准则可供依循;同时谈谈败坏我们形象的两件事,就是——声与色。

说话,可代表个人人格的标志。若粗言恶口、大呼小叫,容易破坏别人对自己的观感,所以我们对他人要柔和善顺。佛陀僧团中有"六和敬",教导佛弟子的身形动作要外同他善——即别人在行善、修行时,行动若配合大家的动作与形态,则称为"吉";也就是不逆他人之意,自己要能配合团体、行动一致。

例如静思精舍常住的生活,每天作息时间固定——准时起床、准时开板准备上殿。若别人都已上殿,自己却还未就绪,这便是没有和人同修共做,对佛与僧众不恭敬。修行是善法,做早晚课也是一种修善的行为,若能与人同修共做早晚课,就称作"外同他善谓之吉"。

早课之后,就开始一天的作息,各就其位、各司其职。有的人打扫大殿,有的人清理前后院,有的人在厨房工作,大家分工合作。同时,必须不怕劳动身形,配合自己的职务认真工作,职责完成后还要去帮助他人,这也是"外同他善谓之吉";因为尊敬对方、敬爱他人,所以要彼此帮助。团体的生活若能如此,就可敬而和之。人人应该常常内自谦卑,自心若能谦卑,即谓之"和"。

和与敬是修行最重要的事,所以言行不可违背团体的生活行动。对人粗声粗气、妄言、绮语、两舌,这都是在声中造业,也就是造了口业。所以我们平时讲话要柔和善顺、身形要轻柔、相互帮忙,才能合乎正命。

这里所谓的"高声现威","威"是指"色"的表现,也就是形态。若是自认事事比人能干,就会显得颐指气使、耀武扬威,即使别人在辛苦工作,也不会想要帮助别人,因为自认为才干过人,怎么可以去拿扫把、畚箕?这就不是学佛者应有的形态。

第五种邪命——说所得利,以动人心

这是自赞——常常自我赞叹,以此来打动

人心。学佛要去妄回真,妄是"未得谓得,未证谓证",这是最大的妄语业。此处所言的"得利",是说自己未得谓得,利则是夸称自己利益众生、诸事已经做了很多。

我们应该谨守本分,别人若赞叹说:"功德无量!"我们要发自内心回答说:"这是本分事,是我该尽的本分。"居士有护法的本分,只要是佛教利益众生的事,都要不辞辛苦,赶紧付出。

出家人若被赞叹说:"功德无量!"这实在是我们的本分,我们为佛教而守持自己的形态,礼佛念经,心常念佛、念法及念僧;为众生付出我们的心力,"不为自己求安乐,只愿众生得离苦"。若能把一切的工作、一切的付出,都认为是自己的本分事,则任何事都没有特别之处,也不会自觉得了不起。学佛,先要做到人格圆满,如此才能成就佛格。

　　以上所说的五种邪命,我们应该牢记,并好好自我警惕。若能做到,则正命与慧命自然现前。

八正道篇·之六

 正精进

正精进——

不杂名精,无间名进;

谓人勤修戒定慧之道,一心专精,无有间歇,是名精进。

这是浅而易懂的佛法,修行学佛并不是困难之事,只要能够精进,则"一勤天下无难事"——一个人能勤奋努力的话,天底下还有什么困难艰巨的事情呢?

学佛志在成佛,这个志愿非常宏大。当然,首先要有自信心,相信自己发大心、行大道,必能到达佛的境界。从凡夫到佛的境域,

唯有一条路,那就是必须专精无杂念,走好这条菩萨道,才能够到达成佛的目标。所以,"学"一定要"专"。

此处说"正精进","正"就是不偏邪。"八正道"不断地谈这个"正"字,"差之毫厘,失之千里",我们的方向稍有偏差,就会与目标相距日远,所以必须时时自我警惕——心念是否正确?心念若正确,则方向自然不会偏差。

得"精进"就是"勤",如果在不正确的道路上勤奋精进,越认真则堕落得越快、偏差越大。所以精进努力时,必定要用正确的行动、正确的修养及正确的行道方法,这就称为"正精进"。

"精"是不杂、精纯,我们若能用天真纯洁的这念心来学佛、来修学道法,就不会有任何偏失差错。最怕的是心存杂念,有污染的心态。有的人修行只是为了求取名望地位。例如在"五种邪命"中所谈到的第二项——自说功能,就是要显耀自己的名声而时常自赞毁他。

赞叹自己而毁谤他人,就如同一般生意人一样,推销货品时,都会夸称自己的货品多好多棒,同时还会批评他人货品的缺点。这就是"自赞毁他",也可以称为"自说功能"。一意夸赞自己的功能,就是杂糅污染之心。或有人"诈现异相",在修行中掺杂大妄语,也是叫"污染心"。

学佛一定要抱持单纯的心态。学佛要先学会做人,守护好今日的道心,绝对不能存有一点虚妄之念;若能如此,就称为"不杂"也就是"精纯"。"知之为知之,不知为不知,是知也。"不知道就说不知道,知道就说知道,这样才是真正的"知",这就是单纯、也就是天真本性。

黑衣宰相释慧琳

古代有一位朝廷大臣,他是位出家比丘——慧琳大师,名声威望相当高。人们因为他是出家人,身着黑色僧衣,所以称他为"黑衣宰相"。慧琳大师虔诚拜佛诵经、说法论道,在朝中是"一人之下,万人之上"的宰相,在佛教界更是一位虔诚的比丘、大长老。

有一天,他闲来无事,便散步到静僻优美的地方,欣赏野外的风景,洗涤心灵,启发清净的灵性。他走入乡间后,看见一条小路非常静谧,禁不住被这景象所吸引,顺着小路走去,到了一处青翠嫩绿的田园。看见田里的青菜长得非常青翠漂亮,一畦畦的菜圃,既整齐又干净,没有一点杂草,于是更加引起他的注意,仔细一瞧,那田里的三五个农夫,竟然是修行的比丘。

在那些田园菜圃中，每棵菜都照顾得翠绿盎然，他心中不由得生起对这片土地的喜爱；对那些农夫（比丘），更是心生敬意。于是走近他们的身边，向其中的一位比丘问讯，并请教他平常修行什么法门？这位师父就回答说："我平时不论道、不打坐、也不立文字相。"

既然不打坐参禅、也不拜佛诵经文、更不在文字上深究论道，那他们懂得什么呢？这位师父又说："我们谈的是草木之情与大地之爱，将自己的心与大地草木结合在一起。平时我只会勤耕心地，把我的心和大地连在一起；我所爱的是大地，所谈的是草木之情。"

他所了解的，就是这些而已；虽然说起来是如此简单，但是有智慧的人一听，即明白这是一个大道理。黑衣宰相对这些比丘更加敬重，不由自主地就和他们谈论佛陀僧团的生活，在谈论佛陀的僧团时,当然难免会提到佛陀弟子们的心灵与个性。黑衣宰相忽然间提起一位与佛陀最亲近的弟子——罗睺罗,他说:"佛陀在家时,罗睺罗是他至亲的儿子;佛陀出家后,罗睺罗是他的法亲之子。请问师父,知不知道佛陀对罗睺罗有何特别的教导?"

这位修行者就回答说:"佛陀与罗睺罗的亲与情,众生难会;众生的凡夫心实在无法体会圣人的心意。"同时他也反问黑衣宰相:"大师的见识广博,应该已经深入研究过罗睺罗的修行,以及他们父子的圣人意境,我很想听听长者对佛与罗睺罗之间亲情教育的研究心得。"黑衣宰相就欣然地将自己从文字典籍上所得到的资料,包括罗睺罗的密行、佛与罗睺罗之间的谈话,及各种修行过程,一五一十地说给比丘们听。说完之后,他问比丘们:"我刚刚所说罗睺罗密行的修行方法，你们是否都能了解？能不能够体会他的密行？"

结果，这位师父竟然回答说："不知，不知中的不知。"连续说了三个"不知"，这位宰相一听，霎时茅塞顿开，心灵乍现光明。

尽管慧琳法师在文字上已经了解罗睺罗的密行，但是密行的境界到底是怎样，他实在无法体会，当他把这些文字上的道理说给比丘们听后，他们的心得却是三个不知——"不知，不知中的不知。"就只有这几句话而已，但是此时他竟然深刻地体会到其中的大道理。

简简单单的三句"不知"，就能够解开他长期在文字上打转的迷津，使他完全了解微妙无上的大道，是不是非常深奥难懂呢？事实上，启开一句简单的话，只是智者与智者之间心灵上的默契而已。那些农夫比丘曾跟他说："平时不修行什么道法，只是心与大地连在一起。"他们能体会草木之情及蔬菜之意，这即表示他们在工作时，就努力专心工作，其实并没有修行其他任何道法。

至于罗睺罗的密行，是他自己的秘密，既然是秘密，有谁能知道呢？所以，比丘的回答是"不知"；如果硬要说知道人家的秘密，那就是大妄语。所以说："知之为知之，不知为不知，是知也。"这样才是单纯的心态。他们回答的简单几句话，已经表现出天真本性的禅机了。

这是不是非常简单容易呢？总之，"精"就是不杂，我们每天修禅静坐，究竟知道多少？明白什么呢？其实，真正的"禅"是在日常生活中，担柴运水无不是禅，能够专精一意便是禅，所以，"精"就是"纯"的意思，没有任何杂糅。

道心不可须臾间歇

"无间"就是"进",我们的心念不可间断,间断则会懈怠。道路若间断就无法通行,看看一条平直的大路,人与车都能安稳地通行,也能很快到达目的地;如果忽然有一场大水来袭,冲断这条路,除非要冒着千惊万险通行,否则只有费尽周章整修,或者搭造桥梁,将两边道路连接起来,才能通行。

所以说,道心不可间歇中断;一懈怠就会半途而废,必须重新开始。因此我常常说,学道之心要细水长流,不停不断地流下去,俗云:"滴水能穿石",不要轻视细微的水流,只要日长月久,连石头都会被它穿透。

若仅一时热心而数日懈怠,则过去的热心都会消逝;想要精进奋发,就不可间歇。

"谓人勤修戒定慧之道"——"勤"是不懈怠,"修"是修行。若逃避现实则无行可修,必须面对外在的境界,以心转境,这样才是真正的修行;如果逃避境界,则心被境转。修行之路必须亲自去走,不可停留退转。所以我们不要逃避外境,应该善用道心去转境,这才是真正的修行。

修行的过程要守戒(持戒),我们对佛陀的教法要拳拳服膺,不断地进修。现在的佛弟子大多受过戒,在家必须守"五戒",有人甚至还受在家菩萨戒;如果受过菩萨戒就一定要做菩萨。什么是菩萨呢?就是"不为自己求安乐,只愿众生得离苦",利益众生就是菩萨的精神,也是菩萨进修的功能。

受过菩萨戒之后,若只是独善其身,只顾了脱自己的生死,那就已经毁戒了——也就是没有守持戒律与戒法。佛陀既然制定戒法来教导我们,如果我们停滞不前进,就是没有守持菩萨戒。

"定"——是心定,若一曝十寒则叫做"不定心"。今天听了佛法,就发心行菩萨道,认为自己应该牺牲小我,完成大我——与地藏菩萨一样,有"地狱未空,誓不成佛,众生度尽,方证菩提"的宏愿。设若不能心口合一,秉持其志愿发挥身心的功能,则诵经与没诵经差不了多少。没诵经的人,尚未接受佛陀的教法,不知者无罪;已诵过《地藏经》的人,便已接受佛陀的教法,佛陀以地藏菩萨的精神做我们的榜样,如果不去实行,就是违逆佛陀的教诫。

发心之后一定要有恒心,不可一曝十寒。今天诵了经就说要赶快发心;事过境迁之后,仍然以自己的生死解脱为大事,根本将地藏菩萨发愿入地狱度众生的心志置之脑后,这就是定力不够。

定力既然不够,要怎样产生智慧呢?俗话说:"不经一事,不长一智。"智慧是从人与事之间磨练出来的;若逃避现实,要如何产生智慧呢?所以我们一定要有专精的定心,走入众生群中去行菩萨道法;如此,智慧与定力就会相辅相成,此即在"戒中修定"、"定中成慧"。

博闻爱道,道必难会

"一心专精,无有间歇"——我们既然要行菩萨道,就必须专心一意地往前走;若刚起步就停止或退转,将一事无成。虽说"条条道路通长安",但若常常半途而废、另择他路,何时才能抵达目的地呢?所以我们一定要选择一条道路,专心地往前精进,不可回头或三心二意。我常常说:"好马不吃回头草。"既然选定这条路,即使粉身碎骨也要走到终点,这就是——守志奉道。

佛陀说:"博闻爱道,道必难会;守志奉道,其道甚大。"坚守志愿,力行正道,就能很快地达成理想与目标。所以说"一心专精,无有间歇"。若能如此,就能增长道行,这就是"正精进"。如果平时心存邪念、以自我为重、有所求,就会考虑很多事,走了一段路后,发现对自己没有利益,便想另走他路,很快就间断休歇下来,这样必难会道。

所以,若要精进努力,一定要记住一个观念:学佛要达到成佛的境界,必须经过菩萨道;离开菩萨道则无佛可学,也无佛可成,必须在菩萨道上无有间歇,这才是真正的学佛,才是学佛道上的精进者。

八正道篇·之七

 正念

正念——

谓人思念戒定慧正道,及"五停心"助道之法,

堪能进止涅槃,是名正念。

我常强调思惟、观念的重要性。一个人的外在行为,最主要是由内在修养所表现的,所以,《大学》云:"富润屋,德润身。"只要看一间住宅房屋的装饰,就可以知道这家主人是富有或贫穷;一个人是否真正有修养,只要观察他日常生活的举止行为,以及待人接物的一切举动,即可知道此人内心的修养境界到何种程度,所以

说"德润身"。

"德"者"得"也，注意外在的行为修养，则可建立内心的道德观念。例如我们在拜师学艺时还无所得，因为功夫尚未学成；如果用心努力下功夫，把师父指导的过程都细心地加以练习，再配合专一的精神，久而久之就会不断地进步，自然能练就一手好功夫。今天比昨天熟练，则多得一分功夫，而且还可以将它再创造、创新，然后传授给别人，这就是所得之后的功能。

举此理相同，初学佛之人，不明佛法，经过专心的学习，慢慢体会再身体力行。在实践佛法、力行正道时，会感受到这条路的风光与境界，这就是真正体会的心得。若已经走过这条路，就可以回过头来，以真诚的心境，去教导他人如何行走这条道路，走到何处会得到何种境界……等，这就是由"得"而成"德"，所以说"德"

者"得"也。

有定才能产生"慧"

心念可成就人的德行、充足人的德业,因此必须由心修起。心念若正,则用心下的功夫一定也是正的;思惟与观念若正确,则所追求的目标就会正确;如此精进用功之后的体会,就称为"德的成就"。设若心念不正、思惟偏失,则所走的道路就会偏邪,所作所为就是让人堕落的恶业,这些结果都是由心念所生。

我们现在所谈的"正念",是警惕大家举止动作、待人接物要时时善加思量。思就是警惕之意,每一个人都要自我警惕,想想自己应该以何种声调、形态来待人处世;与人应对时,应该考虑要采取何种观念,为将来的立身处世奠定根基,这都称为思与念。"思"就是警惕,"念"就是观念。

我们过去与现在所思念的是"戒、定、慧",这是学佛者应该时时注意、反省警惕以及实行用功的道路。"戒"就是防非、预防错误,必须时时刻刻谨慎注意自己的言语行动,"开口动舌无不是业,举手投足无不是罪",所以要时时预防过失错误,这就是"戒"。

"定"是心灵的训练,我们要时时刻刻自我训练心念的定静。学佛最怕的是心念散乱;心乱则一生之中,绝对无法成就任何道业。所以我们应该培养定力,选定道路之后,要下定决心走完路程,这就是"定"。

人之所以修而无得,就是因为欠缺一个"定"字,我们拜佛、念佛、打坐、读经,无不是为了收摄杂念心、训练自己的定心。佛陀慈悲,为了收摄众生的散乱心而设教,开启八万四千法门,其实他只为收摄我们的心念专一静定,所以"定"对学佛者而言非常重要。

有定心才能够产生"慧"——智慧,欠缺定力而想开启智慧,那是不可能的。有的人说:"我拜佛,求佛开我智慧。"其实,拜佛并非要求开智慧;只要拜得心念专一,自然能开智慧。若意念散乱,要如何开启智慧呢?

阿难尊者是佛陀的俗家堂弟,也是佛陀出家的侍者。我们今天有经可读、有法可学,都是靠阿难尊者的文力、文德所摄受而传承下来的。阿难称为"多闻第一",他跟随在佛陀的身边,时时听佛陀的教法,运用他的记忆力,将每一句佛法记在心里。所以,有句话说:"佛法如大海,流入阿难心。"佛法如大海一样浩瀚无边,但是点点滴滴都能进入阿难的心中。

有一天,阿难跟随佛陀出外托钵,佛陀走在

前面，阿难持钵随行于后。阿难全部的心思精神都集中在佛的形态上，不论何时何地，总是觉得佛陀的一切举止行为都能收摄他的心；他心中自忖："这莫非就是佛陀智慧的威德？"他禁不住生起欢喜心与向往之念，赶紧加快脚步，趋前请示佛陀说："佛陀的智慧德相，时时令我们望而生喜，产生一种不可言喻的欢喜心，这就是佛陀您的智慧威德。佛陀啊！我是您的弟子，到底要如何修行，才能够成就三十二相——福慧威德的庄严相？您是否能够赐给我一些智慧？"

　　佛陀回头看看阿难，没有回答，依然加紧脚步向前走去，继续托钵。等到他们受到供养，钵中得到食物，佛陀与阿难各自找了一处凉快的树荫坐下来。佛陀拿起钵就专心地吃完这钵饭，阿难心中生疑："佛陀为什么不回答我的问题？他的动作究竟表示什么意思？"所以他看得出神了,佛陀已经吃完饭,他却仍目不转睛地望着佛陀。

佛陀吃完饭后,回头就说:"阿难,你还没饱啊?"阿难摇摇头说:"佛陀,我尚未吃饭。"佛陀说:"我吃饱了,为何你还没饱呢?"阿难说:"我还没吃,当然没饱。"佛陀就说:"对啊!我吃是我饱,你还没吃,当然还未饱。你刚才叫我赐给你智慧,但自己不去修,那我如何给你呢?"

阿难从此顿悟,开始把心收摄于一处,于定中生慧。所以,僧团中阿难就成为多闻第一。心不专则闻不入,即使听再多的法也听不进去。大部分的人都是一耳听、一耳漏,这叫做"有漏"——用一个耳朵听,听一半而已,所以一知半解。那应该如何听呢?要靠耳根听,然后专心摄受,这称为"无漏"。用无漏根来听,才有办法摄受佛法。

我们学佛希望佛法与心相应,除了心与佛相应之外,还要会应用,所以唯有心念专一来学佛、体用佛法。佛书千经万律,就只是为了要以佛法引导众生心;众生用心学习,也是希望能体会佛法,真正有所体会才能够发挥效用。否则尽管千经万律都曾听闻,还是会漏失而无所用处。就像一个容器要装水时,应该正面朝上来装,有多大的盆就能装多少水;设若将其覆盖,不但无法装一点点的水,而且水一倒下去,就从盆底漏失。

接受佛法与此道理相同,尽管每天都听法,若以有漏的耳根来听,就像倒放的水桶一样,边听边漏,很快便流失。用正心正念来接受佛法,就像以大根大器来接受佛法一样,一听就能受用,一装进去就能发挥效用;越是发挥它的效用,越能发挥"闻性"的功能。所以,大家要反观自性,观赏自己心地的风光明月。只要用正念之心来接受佛陀的教育,则我们的心地自然时时光明、刻刻受用。

五停心观修习法

学佛要从基础学起,学佛的基础主要在"戒定慧",戒是遵守做人的规则。正如孔子教我们守"五常",一个人若不守"五常",就不像人了;而学佛若离开"五戒",就无法称为学佛者。

"戒"是规矩,也就是规则。想成为一个佛教徒,必须以戒为先,戒能预防过失错误;我们若不犯错,则心能时时安定,心安则理得,方能得到真理。这里所谓的"心安"就是"戒","理得"就是"定";定能生慧;心安生定,由定生慧,所以称作"心安理得"。

"戒、定、慧"是学佛的基础,我们要好好顺从佛陀的教法,也就是要保持"正念"。佛陀的教法要时时刻刻拳拳服膺,行兹在兹、念兹在兹、学兹在兹。身体力行佛陀所教的方法,叫做"行兹在兹",学什么就要表现所学,时时记在心里,这就叫做"念"。要有正确的心念,就必须实行"戒、定、慧",力行正道。

若想求得戒、定、慧,一定要有正确的方法。当然佛陀设八万四千法门,门门都能达到戒、定、慧的目标,只是快慢的差别而已。若要达到这个境界,就不能离开五项方法与原则——"五停心观",也称为"五停心助道法"。这五项方法是:

一、多散众生数息观。

二、多贪众生不净观。

三、多瞋众生慈悲观。

四、愚痴众生因缘观。

五、多障众生念佛观。

多散众生数息观

众生的心大多是散乱的,心不专则念不定,无法产生智慧。所以要增长智慧,就要将心念安定下来。有句话说"心猿意马",是比喻心念如狂猿野马般动乱不安。若要使狂猿安定下来、使野马温驯听话,一定要有正确的训练方法。

"五停心观"是训练心念的五种方法。第一种是"多散众生数息观",众生心若多散乱,可用"数息观"治散乱。"数"是算的意思。人都有后天的习气、习惯,修行就是要将过去的习惯修正、去除,回复原来的本性。

人的本性原是净寂光明的,称为清净涅槃

之境，也就是我们常常说的："众生皆有佛性。"只是有时无明生起而违背了我们原来的本觉，心念就这样一直奔驰于外面的境界，久而久之就变成习惯。从此和外面"迷"的境界交合混杂；所以有句话："背觉合尘"——就是指心受染污的意思。

看看现今社会如此混乱，社会的乱因起于人心浮乱。"人心不同，各如其面"，因为人心千差万别、观念无法一致，所以会乱。心念不一就各自为政，则所做出来的事难免会乱。

我们的本性都一样，只是后来背觉合尘，受外境的影响而使心念散乱，原本至高无上的佛性一落而为凡夫；学佛就是要力争上游，回归清净的觉性。凡夫的情、污染的心都是引人堕落的，世人都同流合污，所以叫做凡夫。我们现在就是要"背尘合觉"——背逆凡夫心，合于本觉性；这必定要有无比坚强的毅力、勇气与信念。因下堕容易上游难，要往下落是不用着力的，但是要向上游就得靠自己的力量了！必须以我们的力量好好加以锻炼。要如何锻炼？很简单，想要控制杂乱心成为一念心，只有一个方法："以毒攻毒，以念攻念。"心念向外散逸时，唯有以一念心才能控制心念不外散。用什么念？用"数息"，数就是算，息就是呼吸。

我们在打坐时，首先要调好身体的位置，将腿盘好、小腹收缩、挺胸展胸，肩膀顺齐胸部，眼光下垂、控制身态，不让身离了心，然后再用数息之念缚心，开始时，将丹田（小腹）的气，慢慢向上流通，运用呼吸，把气慢慢吐出去时，再用自己的精神观想"气"从小腹慢慢吐出来，吐到和小腹平齐时，再将气慢慢吸回来，如此一呼一吸、一出一入，为"一"。

调气时,精神集中在自己的身上,将气息自身体内慢慢吐出,再慢慢吸回来。如此全神贯注在我们的身上,专心地数念一、二、三、四、五……十;一出一入、一呼一吸,前后不乱,数息不会断停,气息也没有长短不齐,这就表示用精神将杂乱的心控制为一念,对我们的身心而言,这是一门功夫。若静坐下来还没数到二,就在想:今天要做什么?还没到三,就思虑将来要如何、如何?或是回忆过往的事,没多久心念就会散乱。人的心不能有二念——一颗心不能同时有两种功能。能够从一数到十都无妄念,可再反复从头数息,这样功夫就会慢慢进步,一直连续不断,则心自然会专一。

所以,学佛要有次第,初用功的人想要心不涣散,第一个步骤就是要用数息治散乱心。心若不专,则意不能定;意若不定,则慧不能生。

所以要在"数息观"上下功夫。数息观不一定限于打坐,有时在写文章或考虑事情时,心思不知跑到哪里去,也可用数息观定心。总之,不论行、住、坐、卧,都可以用数息观来收摄我们的心念。

多贪众生不净观

众生心之所以会散乱,多数是由贪欲而起,有了贪念就会生散乱心。所以我们要使心不往外奔驰、使心能淡泊,就要用"不净观"来警惕贪求的欲心。贪就是有所爱,认为这样东西是多么好,所以生起贪爱。对物质贪爱就会设法争取,因而造许多业。这些业都是起因于太爱惜自身,因为有身体才会贪婪外界的物质,所以要去除贪爱就必须先从自己本身做起。我们要反观自身全是不净物,若能观身不净,就会反省自己为什么要贪执争取？人身究竟能在世间留存多久？何必为了这个身躯而竞争？世间万物争得最厉害的就是人类，有的人甚至为爱人而起瞋怒忌恨，造下罪业。若能用"不净观"来对治，自然不会生爱、生恨，也不会生嫉妒心。

有的人为了爱情而不顾一切，即使毁掉自己的前途也在所不惜！有句话说："不爱江山爱美人"，为了感情而宁愿牺牲自己的名利与地位。这种人自古至今比比皆是，他们为何会如此呢？因为心念迷失、散乱，不知此身原是多么不净！

佛陀的教育，时时警惕我们身为不净物。当初佛陀在世时，阿难有三十种庄严相；佛陀具足三十二相。有一次举行无遮法会，佛陀带领许多弟子去受供，阿难由于外出为佛陀办事，所以无法同行。阿难回来后，心想：既然佛陀走了,我就单独去托钵。佛陀往东边去,我就往西边托钵。所以,他一路向西行。

印度地方天干地燥,阿难走了一段路后,钵还是空的。他又热又渴又饿,虽然耐过饥饿,但是却口渴难忍。刚好前面有一口古井,一位女子正在那儿打水。阿难走到井边时,这名女子抬头看到这位出家人,眼前一亮,心想:"多么庄严的比丘啊!"

这名女子名叫摩登伽女,她一看到阿难,心里便生起强烈的爱念。所以当阿难将钵伸出去,拜托给他一些水时,摩登伽女便高兴地将水倒入钵中,同时双眼注视这位庄严的比丘,直到阿难离开。

她一回到家,就要求母亲设法让她嫁给阿难。她的母亲虽然是个外道教徒,但也知道比丘神圣不可侵犯。女儿这种爱恋之心,根本不可能实现。可是她的女儿死求活求，一心爱慕这位比丘。母亲爱女心切，只好设法成全她，即使因此造业也在所不惜。

她请来一位擅念符咒的人，打算用邪术迷惑阿难，使他身不由己地受邪术吸引而来。天明时，阿难不知不觉地离开佛陀；等佛陀要讲经时，不见阿难的踪影。佛陀知道阿难即将受难，赶紧派遣舍利弗到摩登伽女家附近找回阿难，并教所有比丘要全心一意持《楞严咒》。

此时阿难正在摩登伽女的家中，即将破戒时，忽然间清醒过来，他马上离开摩登伽女，跑回佛陀的修行地。摩登伽女见阿难忽然离她而去，心中非常难过，便一路追奔来到佛陀的面前，请求佛陀成全她。佛就说："你是否真的很爱阿难？"她说："我真的非常爱他。"阿难此时正入内沐浴，佛陀就叫人把阿难洗浴的水端出来，问她说:"你爱阿难哪里呢?"她说:"我爱阿难的全身。"佛陀就说:"你既然那么爱阿难,这盆是阿难的洗澡水,你就将它喝下吧!"

摩登伽女吓了一跳说:"佛陀,您是大慈悲者,为何叫我喝下这么脏的水呢?"佛陀说:"每个人的身体原本就是不净的,现在阿难健康时你就已经嫌脏了,那他将来老死衰败时,你又将作何感想呢?"摩登伽女听了佛陀的话,顿然开悟,证悟初果;然后观察人身的不净,从此所有的爱念、贪欲都消除了——原来阿难的身体也是这么脏,那还有什么可爱的?这就是"不净观"的作用。

要治贪心唯有不净观,若能善用不净观,自然所有的爱欲都会消灭。这是第二种"五停心观"——对治贪念的方法。

多瞋众生慈悲观

众生多瞋,瞋就是爱发脾气,这是烦恼的根源之一。烦恼根源有三:贪、瞋、痴。这些根本烦恼若不去除,智慧就无法增长,观念也难以正确。所以,要使观念正确、要增长智慧,必定要将烦恼根源降伏去除。多贪的众生必须用"不净观"的方法来对治。而多瞋的众生,应该要用什么方法来对治呢?

有一位会员初次来到精舍时对我表示,他觉得自己参加会员的行列已经有五六年的时间,但是一直没有机会来到本会亲身体验。当他听说慈济要扩建病房,将来要设立医学院,就问其他的委员要如何参与这项活动?

他说这辈子还没做过一件令自己欢喜的事,他希望能有机会利益社会。所以听到慈济的计划,觉得正是时机,就对委员说第二期工程的病房部分,他要发心捐一百万;而慈济静思堂是佛教徒、甚至是未来宗教追求者的精神堡垒,所以他虔诚发愿在静思堂的兴建期间,每年以自己事业营利所得的三分之一赞助。这就是慈悲心的表现。

他并问了我一个问题,他说:"我想请师父开示,应该如何控制自己的脾气?因为我脾气很坏,时常不能自我控制。有时想想,实在没什么值得生气,但经常就是忍不住啊!"

我说:"你要多听经、心量放开,这样脾气就不容易发作。"他说:"有呀!我每天清晨六点起来通过录音带听经。每次听师父讲经,我都感觉好像就是在说我,因我确实有这个缺点。我也常常想从今天开始不再发脾气,但是一听完经出门上班,看到不顺眼的事情,还是忍不住要发脾气。"

这就是人的通病,发脾气非常简单,但是要控制脾气真是不容易。我对他说:"会发脾气是因为环境的关系。譬如你今天来这里,觉得心灵很平静,整天都很欢喜!因为你生起了慈悲心。当你听到慈济的工作很有意义,你宁愿将一整年辛苦所得的三分之一捐助静思堂,这就是慈悲心。你今天有感于境界而发心,发心后又能抱持欢喜的心,此即佛陀所说的:'多瞋众生慈悲观',今天所处的环境是在慈悲的境界中,所以会觉得很高兴、很平静。"

佛陀教导我们用慈悲来制止暴躁易怒的心灵,用慈悲来教导爱发脾气的众生。学佛就是要时时警惕自己,世间人由于接触的是事业、领导、管理……的层面,所以缺少让他培养慈悲的环境和条件。如果能有这种好环境,人性将会多么可爱啊！所以,我们每个人都应该了解自己其实非常幸福;周围的环境,时时刻刻都能使我们培养慈悲心,制止瞋心、控制脾气。仔细想想,是不是很有福呢?

有一位从美国回来的青年对我说:"师父到底是修什么法门?"我说:"我可能是修多忙(忙碌)法门。"

他说以前在台湾念大学时,曾参加佛学社。当时好高骛远,因为"禅"是佛学中最超然的境界,所以他选择的法门是"禅境"——禅的功夫。在那段时间里,他走遍了各道场,参访名师,也常与人参加大专夏令营的斋戒会,并且去打禅七、打佛七。

但是,尽管他钻研佛学已有四年了,一直到大学毕业,他还是茫茫然不知所从,也不知禅真正的道理是什么?只是不断地追求禅最高的境界。毕业后,他抱着对佛教既茫然又热切的心到美国留学,并且组成一个佛学社,专门研究禅理;又将在台湾所学的"文字禅"——书本上的理论及道理带到美国,开班授课为人讲说禅理。然而一年半下来,他觉得以文字来教导禅功,真是越教越矛盾;一股热心不断退除,而听课的人亦不断减少,他的心就这样冷却下来。

他告诉我:"今天我亲自来到这里,深深体会到只有人间的佛法才切合实际。师父说'忙碌的法门',就是忙忙碌碌地为人间付出。"他说他也有同感,并且希望能将人间的佛法、慈悲济世的精神带到美国去。

他本来抱着一颗对佛法很冷淡的心态自美国返台,但是现在他要抱着一股热心,将慈济的精神、人间的佛法带回美国,这就是慈悲心。用慈悲心来创造人生的前途,除了能清净我们的心地，也能去除多瞋之心。想要培养慈悲心，除了听闻佛法、训练心思及充实佛教的学识之外，尚需有好的环境来培养、训练；并非只研究经藏文字就能透彻。

那位年轻人抱着一股热忱，将禅学文字带至美国。出国前后总共六年的时间，他不但没有体会到禅宗的真味，就连最基本的起点也是非常茫然！是不是很冤枉呢？

然而，他来到这里就能发起慈悲心，起码对人间佛教的精神有所了解，起点正确则目标必然正确。所以在"五停心观"中，佛陀说："多瞋众生慈悲观。"想培养慈悲观，必定要创造这种境界；有这个境界才能身心透彻，才能去观想。

因此，我们要多多体会慈济的精神，加强我们的道心，提升慈悲心念；若能时时刻刻不离慈悲之念，则能对治发脾气的习性。

这两种心念，一是瞋恚心，一是慈悲心。慈悲若增长，则瞋恚心会减少；慈悲心占满了整个心念，瞋恚心自然就会消除。

所以，要时时培养爱心，爱就是慈悲。我们的爱必须清净、无任何色彩，这叫做"无缘大慈"，也称为"同体大悲"。要有广博普遍的爱，也要有透彻的爱；若能如此，则我们的观念无时无刻都充满慈悲爱念。对人有爱心，还会生什么气呢？

那位青年又问我："师父，您做慈善事业，规模如此宏大，在建医院时是否曾遇到最烦恼的事？"我想了想就说："你问我的是真烦恼还是假烦恼？"他问："烦恼还有真假之分吗？"我说："当然有！若是为了推动事业，有时我也要表现出有烦恼，如此才能唤起人们的力量；若是说真正的烦恼，我想我还不曾有过。"

他纳闷地问："这到底要如何解释？"我就回答："我做事之前有一种觉悟：有事就会有烦恼。若要做事，就必须先下决心，绝对不怕烦恼；若不怕烦恼，则任何困扰都不算烦恼。"他又说："我看您每天处理这么多事、面对这么多人，您可曾发过脾气？"我回答："这和烦恼一样，假脾气我发过；若是真脾气，我就不知道要如何发起了！"

我们学佛要有轻重分别，我们面对的大多是凡夫，假使面对的是圣人，恭敬都来不及了，怎么会发脾气呢？而凡夫大多心念不定，对他们发脾气实在划不来！多一念恨，则多一颗坏的种子；倒不如以怜悯心、慈悲心来宽谅他们，种下善的种子。

要如何消除多瞋？就是要拿出慈悲观来，只要整个心念都充满慈悲心，我们的脾气就不易发作。

愚痴众生因缘观

众生多愚痴,愚痴与智慧是相对的。学佛就是希望能学得智慧开启、灭除愚痴;减一分愚痴就增一分智慧,增一分愚痴就是少一分智慧。要如何才能消除愚痴呢?必须用"因缘观"来对治,也就是"五停心观"的第四种方法。

佛陀为人间设教说法,一切学问都在因缘中,一切的生活也没有离开因缘。但是,多数人都在因缘中迷失了因缘——因为没有办法彻底了解因缘,所以才会误解因缘、迷惑于因缘,产生愚痴的观念。人人都应该了解,一切都是因缘和合,从因得果。因有"成就的因",也有"障碍的因"。"成就的因"完成"成就的果";有"障碍的因",就不会有"成就的果"。如果能够于果中继续培养欢喜心,如此则因就果成。

因,都是在日常生活中培养出来的。每个人时时刻刻都生活在因与果中,而且因果循环;因成果就,果又在因中。所以佛陀教导我们,学佛必须时时刻刻不离因果观;如此,就能灭除愚痴的观念,开启智慧。

世俗之人,大多执著于情与爱、财与利;为了情爱、名利,计较得非常苦恼!甚至因而毁灭了自己,也毁灭了他人,这是社会上常发生的事。有的人尚能看淡财与利,但却执著于情与爱。但是学佛者或有智慧的人,不只能看淡财与利,也能够看淡情与爱。

古时,中国普陀山某一寺院,有一位老修行者。这位老修行者出家之前,父亲开了一家铁工厂,全心全意养育他成人,并把全部的技艺传给他。后来,父亲渐渐年老,他也慢慢长大成人,随之继承了家业。不久,他的父亲就离开人世了。

父亲过世后,他便独立门户、成家立业,日常生活省吃俭用。他常觉得铁工厂大多打制刀枪等武器,会伤人的性命,与他的生活意愿及理想不合,所以后来就放弃工厂,转而从事农耕。每天拿着锄头到田里认真地工作,种菜卖菜,过着安逸的生活。然而,他的妻子却不安于本分,觉得这种克勤克俭的生活非常苦。

他知道妻子的心不安于室,但他完全不动声色。这位做妻子的慢慢变本加厉,除了赌博、无所事事,整日东家长、西家短之外,更进而与人私通。这个丈夫即使知道妻子的行踪,却也不生气,反而更认真地从事农作,努力生计。

除了农耕之外,他还利用时间多亲近佛法。有一天,他对妻子说:"我可能要离家十几天,家里的一切就请你多费心了。"但是在这十几天中,他只是在附近的一家寺院等待时机。而他的妻子却真的以为他将离开一段时间,所以约了姘夫来家中小住数日。

几天后,她先生认为时机已经成熟,就到市场买了一些酒菜、鱼肉,高高兴兴地回家去。

妻子听到先生回来的声音,心里非常害怕,赶紧叫姘夫躲到床下。她先生知道她的姘夫躲在房间里,故意不进房里,反而高兴地对妻子说:"我在外面赚了不少钱,今天好好来庆祝一番。"说完,就把所有的菜带进厨房,亲自做菜。

这位妻子见先生回来了,也觉得很不好意思,便到厨房帮忙。一切准备妥当之后,就把酒菜端到外面的餐桌上。先生看到妻子只排了两副碗筷,就说:"你应该排三副碗筷才对。"

妻子问:"你和我两个人,为何要多一副碗

筷呢?"

先生就说:"我们有客人啊!而且是个贵宾、也是我的恩人,所以你应该准备三副碗筷。"妻子感到很疑惑,不过还是排了三副碗筷。

排好之后,妻子就问他:"你的客人呢?"

他便说:"在房里啊!"

妻子问:"房里怎么会有人呢?"

他对妻子说:"你放心吧!快去把贵宾请出来。"

妻子说:"你是不是精神不太好?"

他答:"不是我精神不好,今天是个良辰吉日,你不必害怕,赶快去请他出来。"

妻子一直说没有,先生却说有。最后,先生生气地说:"若不敢出来,敬酒不吃,必须吃我一刀。"妻子吓着了,床下的人更是害怕,就赶紧爬出来;两人面无血色,非常惶恐。而这位先生竟然把他当作贵宾,非常有礼貌地请他上座,向他叩头跪拜并感激地说:"你真是我的大恩人,我很感谢你!今天是你们的良辰吉日,从今天起,你来代我受业,我要把妻子和所有的财产都送给你,请你接受这些束缚我的业。"

这位奸夫何乐而不为呢?既可得到现成的妻子、又有现成的财产,为什么不好呢?他见这位先生态度如此认真,就高高兴兴地接受了。而这位先生非常轻松自在,身无牵累、心无挂碍,只穿了一套衣服,向他们问讯、祝福后,就抱着欢喜轻松、万缘放下的心情离开家庭,跑到普陀山修行去了。

这对私通的奸夫奸妇,已经变成正式的夫妻。而这个后任丈夫接掌前夫的家业后,仍然不务正业,既不种田,也不管工厂,一天到晚在外面吃喝嫖赌,回到家里便打妻子。这位妻子才觉悟后夫不比前夫好,但是如今她投诉无门,想向人哭诉,而大家都知道她的过去,每个人都笑她傻,说她遭受报应。她越想越觉得以前的丈夫真好,于是跑到普陀山,希求前夫原谅,回家与她重修旧好。

已经出家修行的人,怎么可能接受她的要求呢?他苦口婆心地劝她回家,好好与后夫和睦相处。

但是她回家后,这个后夫变本加厉,连田地房屋都卖掉,最后甚至到处乞讨为生。于是这位妻子再度到普陀山要求前夫还俗;但先生心如止水,一点都不起波动。

她感到非常绝望,不知要如何继续生活下去?这时她忽然想到前夫出家前最爱吃鲤鱼,于是想尽办法讨前夫的欢心,希望他能回家再续前缘。所以她向人乞讨一些钱,买了一条黑鲤鱼,用心烹煮成前夫过去最爱吃的口味,然后迢迢送到寺院。

和尚(前夫)看她送来这条鲤鱼,高兴地接受,并对她说:"你既然记得我当初的喜好,并且布施给我,我就接受这条鱼,将它放生。"妻子问:"已经煮熟的鱼,怎么可能放生呢?"他回答:"那么已经死去的感情,哪有办法再复活呢?"

世人常说:"我什么都能忍,什么都能让……"但是一谈到田产、妻儿,则一点都不能让步。这位修行者年轻时,虽然父母留给他庞大的家业,也娶了一位貌美的娇妻,但是妻子却不守妇道。由于他亲近佛法,所以了解因缘的道理,他不愿勉强无缘之人,便成全他的妻子与新欢,并且把所有的家业都留给他们。

他向妻子的奸夫致万分谢意,为什么要感谢他呢?他所感谢的是:人生因缘,缘生缘灭,有了这分因就会造这分业；有了一分业，就会多一分责任。既然有人要接续他的责任，何乐而不为？何乐而不舍呢？所以他将家业全部舍给他们，心无挂碍地去修行。

因为他心无挂碍、意无怨尤，故能"断除烦恼"。烦恼一去除，则求法法正，用正当的心念来求取佛法；佛法就是正法，所以正念与正法相契合自然就能开悟。

我们的人生都生活在因缘中，别人对我们不友善，若能够原谅他、心不怀恨，就是智慧。别人对不起我们，若怀恨在心，就称为愚痴。所以，学佛应该以因缘观来破除愚痴；若能如此，则可开启智慧。

某次我人在台北，有一位会员痛哭流涕、一再地对我说："师父，我罪业深重！"我等她较平静时，就问她是什么事？她说："幸好我接受佛法,幸好这一年来我能够亲近慈济,否则现在已经无法再活下去了。"我问她:"你到底发生了什么事?"她回答:"我最近可能会被关进监狱。"

她说,她有三个孩子,最疼爱的是大儿子,而其他两个孩子都已成家立业。大儿子平时非常孝顺,甜言蜜语得让她欢喜,所以她对大儿子百般信任,万分寄望。大儿子事业心很强,在外与人创业,投资设立公司,他跟母亲说:"妈妈,我想做事业。为了方便起见,希望以妈妈您的名义在银行设一个专户,领一本支票使用。"母亲就说:"只要你的事业能有成就,我就相信你,但是你绝对不可以辜负妈妈的期望。"儿子就说:"不会啦!妈妈,我们母子相处这么久了,您怎么还不相信我呢?我绝对不会辜负您,何况我是您一手带大的,怎么会害您呢?"

母亲听了心花怒放,真的去开户领了一本

支票簿。想不到支票一领出来、印章一刻好,儿子竟然不断开立支票。母亲既不识字,更不知道儿子在外面的事业做到什么程度,支票与印章都在儿子手里,结果外面支票满天飞。由于无法兑现,而且金额庞大,无法向对方交代,儿子不能偿还债务;于是便不管母亲吃上官司,自己则逍遥法外。

所以这位会员非常痛苦,她跟我说:"记得师父曾说,业来的时候要欢喜接受,所以我欢喜地接受这一分业;我只是非常对不起被辜负的人,我这些业不知要还几生几世才能还完?"

我用了很多话来劝慰她,要离开的时候,她一再对我说:"师父,我平时在外面做慈济,说不定我入狱后,也可以用慈济精神来感化里面的人。"

离去前,她请了许多我开示的录音带,又准

备了许多慈济的文宣品,并且跟我打招呼说:"师父,我心满意足了,能在入狱前见到师父,师父所说的话,我一定会欢喜地接受奉行;入狱之后,也一定会把慈济精神散播给里面的人。"

这就是地藏菩萨的精神——我不入地狱,谁入地狱?佛陀也曾经显现入地狱的形象,来感化那些受苦的众生。监狱是一个身心不自由的地方,与外面自由的空气完全隔绝、心灵与宗教精神逐渐远离。若能将宗教自由的精神带进不自由的监狱里,把这分人间相互敬爱的形态也带入里面,哪怕只是影响三五个人,都可以弥补这一生辜负他人的罪业。

希望大,得失就大。她把所有的爱与希望完全寄托在大儿子的身上,这个儿子是从她的腹中十月怀胎所生的,二二十年所培养下来的感情,试问:亲情是何物?能对它寄予多少希望？如果这位女士还没看开因缘、还未接触慈济，她可能无法面对现实的困境。因为她加入慈济，彻悟了因缘，所以能带着清净之心走入人间地狱，这就是看开因缘，也就是打开得失之心。

多障众生念佛观

学佛本是件很简单的事，人人皆有与佛同等的智慧与佛性。既然是本具的特质，学起来当然很简单，只要一复习就能本性全具。但是众生多障碍，障碍我们这分智慧光明的反照。

每个人的心地都有无尽的光明，只是这分光明常向外散逸。举例来说，我们所使用的桌灯都有灯罩，只要打开桌上的台灯，则它所投射出来的光线一定在桌子上，因为灯光被灯罩罩住，所以能集中光亮于桌上；但若将灯罩掀开，灯光就会发散于其他地方。

现在我们这一分心光,就像是被灯罩完全遮盖住,使心光无法反照本地心性而变得愚痴暗昧,这就是障碍。障碍有分自障和他障。他障是外来的障碍,自障是自我的障碍。外来的障碍无法障碍我们的道心,最令人害怕的是自障——自己起障碍的心而妨碍自己的道业。

佛陀在成佛之前,以自己的定力来降伏十种魔军,这十种魔军就是因为自己内心起障碍而生的。我们若是有心向道,则即使外面有再多的困难,也无法障碍我们;如果内心起障碍,尽管外面环境十分顺利,而我们内心欠缺这分自生的因,则道业还是不能成就。

因此,最重要的是自己的心念。有句话说:"一勤天下无难事。"勤就是毅力,我们若有精进心,自内心生出一股毅力,不断精进、拨开万难,世间还会有什么困难的事呢？古时的祖师或成功的贤人，没有一个不是出自内心勇猛的毅力与信心，每一位圣、贤人能有所成就，绝不离开这三种条件。

请转逆缘为善缘

一个人必须自信、信他。对自己的能力要有自信心，对他人也要有一分信任。在日常生活中与人相处，无论如何，必须相信人生在世是相互帮助、彼此切磋的。

例如一块玉石，若要成为人见人爱、价值很高的宝玉，必须经过粗石的琢磨。人也是一样，若想要有所成就，一定要勇于面对许多恶劣的环境、不好的脸色、难听的言语、难办的事情……而且要一一将其克服；克服之后，还要对这些事情生起感恩的心态——我们必须相信，这些人事是来成就我们、训练我们的。

世人常言:"爱之深,责之切。"这句话谈起来很简单,但是要能深刻感受却不容易!虽知每一位严厉责备我的人,就是疼爱我的人,但是我们往往无法体会这种"责之切"的境地,只想追求"爱之深"的感受而已!这也是心理障碍。

若能够透彻这个道理,看到再难看的脸、听到再难听的话,都可以将它善解,不但能接受这些考验,还能心生感恩,若能如此,我们的道心便成就了;这样就可以转障碍为道念,转逆缘为善缘。所以,人都是自障,而非被世间外缘所障碍。

心如明镜被尘遮

学佛,想拨开障碍,必须回光返照。

无明就是暗,使自性被阴影遮蔽;则自己无

法了解自己,非但对自己起疑心,而且不能信任他人。因为自己的心先自疑,所以看到不好的脸色,就会以为他对我不信任;其实当我们心中怀疑对方不信任我们时,就已经不信任自己和他人了!

自疑则无信;信念一被动摇,毅力就会消失;毅力一消失,勇气便薄弱了。总而言之,我们要先建立信心,信心就是智慧的光明,回照于内心本性,也称为"反观自性"。想要建立自信,必定要先生起信心;要生信心,唯有一种方法——念佛。

念佛,要念得以佛心为己心。若能够以佛心看人,则人人皆是佛;否则,有句话说:"疑心生暗鬼",有一分疑心,就有一分阴影将自己遮蔽;自己生疑,却总认为对方心怀鬼胎。所以,用鬼心看人,则人人是鬼;用佛心看人,则人人是佛。

　　念佛并非要求佛为我们开智慧、保佑我身体平安、家人事事如意；而是要转凡夫心为圣人性，把狭小的心念扩大为"心包太虚，量周沙界"——众生心就是太狭窄了，像针孔一样，小得只能容纳一根线；只求自己得到他人的爱、得到信任、受到别人的重视，这就是狭窄的心。念佛就是要念得这颗如针孔一样细小的心，能够开扩成"量周沙界"的深广心。

　　看看人的眼睛——瞳孔、水晶体只有这么一点点大，而我们的视界却能够包容山河大地，能够放眼天下、容纳天地。想想看，外面的境界是这么大，进入我们的心里却只剩下这么一点点，如此是不是有很多障碍呢？我们向外所看、所求的是这么多，能容纳于心中的只有一点点，这样的心量怎会没有障碍呢？

念佛应该念得心如眼睛的水晶体一样,只要看到什么,就能够容纳什么。我们若能够以佛心来包容天下的众生,就不会有障碍了。所以,佛陀在世时以种种方法来引导众生,以许多人事实例来开导众生,使众生化解各种障碍。

阿阇世王杀父篡位

人都有爱自己的心,这种爱己之心通常会推及亲人,但是这种亲情是否很牢固呢?不见得!因亲情容易受私人的物欲所左右,阿阇世王就是一个例子。

佛陀在世时,领导弟子修行,其中有一位叫提婆达多,他是佛陀俗家的堂弟。提婆达多学佛之后,不但没有缩小自己的欲心,反而更增长欲念,对佛陀生起不敬之心,甚至背离佛陀的教诫,煽动僧团中的弟子——领导五百位出家人造反；这就是欲心使然。他也同时唆使阿阇世太子背逆亲情，并跟他说："你做新王，我当新佛。"阿阇世太子受到他的煽动，便将自己的父亲囚禁在监牢里，断绝粮食及饮水。

阿阇世太子的父亲频婆娑罗王在执掌国政期间，非常尊重佛陀，他深刻体认到佛陀的教法很好——佛陀一再强调，众生的情与爱是一种无常，而欲念则会破坏人与人之间的亲情。尽管佛说如此，他却没有亲身受过世间任何苦难，所以对此存有疑惑，认为世间最可信的是亲情之爱。

直到儿子阿阇世太子背叛了他，他才深深体会到佛陀真是一位包容天地的大智慧者！也透彻了人性及亲情——原来人性很容易受这分欲心所遮盖，所以亲情不敌欲爱啊！

他非常慨叹苦恼，在牢里受尽饥寒之苦，回

想当初在位时,一点都不觉得世间有何苦难;等到受尽饥寒困苦,才深深体会到,莫非这就是因果?国家虽然尚存,却因太子之背叛而受尽折磨……

这是不是障碍呢?是什么来障碍他呢?就是被欲念所障碍。父亲已经如此老迈,阿阇世太子若能安心守分,父亲过世后,就可继承王位了;但是他却无法忍受长时间的等待,急着想称王,得到名利地位,所以把父亲禁闭起来。阿阇世太子不顾一切、大逆不道的行为,造下了重罪,结果于现世堕入地狱。

提婆达多也是如此,他光明的本性受到遮蔽、障碍,而造下重业——杀佛、害佛、反叛佛。本来他可以成就正果慧业,却因为这分欲念,而使他生起这分障碍。

心存感恩不著相

频婆娑罗王虽然信仰佛法,却没有亲身体悟,而不知道人间的苦难,等到他亲身经历之后,才真正体会出佛陀智慧的深广。

提婆达多与阿阇世太子,正可以代表人们纯真的佛性受到欲念所遮蔽,因此产生了阴影而动摇正信;由于信念动摇,所以造就重大的罪业,不但无法成就佛果,反而造下入地狱之因。

因此,罪业的障碍到底是自造还是他造呢?无法成就道业,到底是自障或外障?总而言之,一切的道业都是自生障碍,而一切罪业也是由自己所造。所以,我们要以佛心为己心;如此,则看普天下的众生皆是佛;用佛心来包容一切众生,则对人不怨、对事无尤;不生怨尤之心,就能常常快乐自在、时时精进,而不受外境所障碍。

总之，不论是不悦目的面容、不顺耳的言语或不好做的事情，我们都要抱着感恩接受之心；若能如此，一切障碍都可以破除了。

这就是"五停心观"最后的一种方法——多障众生念佛观。"观"是反省、观照之意，我们要回光返照，藉外在的形态来反照自己、警惕自己，则世间一切的动态，都是最好的教育。所以这个"观"字，也就是接受人事的意思，要藉事练心——藉人事来锻炼我们的心思；因此，我们要接受人事，并且感恩人事。

"五停心观"旨在说明：心散乱时，应该用什么方法来治散乱心；多贪欲时，要用何种方法来治贪欲心；发脾气时，应以什么观念来破除瞋心；产生人我是非的愚痴心时，要用什么观念来破除人我是非；面对各种外境时，应该以何种方法来面对？佛陀苦口婆心，莫非是要使我们明心见性，用智慧来印证心地的光明。

佛陀对佛法的传扬，有如一只手指指示明月所在；众生则是"因指见月"——依佛所指的方向而看到月亮；千万不可"执指弃月"；若只注意这只手指（佛法），会失去真正观赏明月的机会。

佛陀开示了八万四千法门，他不希望众生执著法理、迷失道理。所以我们应该藉法见理，尽管佛陀是以种种方法来引导我们，但是却是只包含一个道理——要我们明心见性。

八正道篇·之八

 正定

谓人摄诸散乱，身心寂静，

正住真空之理，决定不移，是名正定。

摄诸散乱，心无挂碍。

学佛要学得心持正定。三十七助道品中皆不离"正"字、也不离"定"字，因为学佛最主要的是"三无漏学"——戒、定、慧。这三种方法可预防我们心思与行为的错误，所以一定要有"戒"；有"戒"就不会犯错，身心不犯过错，自然能"定"；心定不散乱，自然能产生智"慧"。总之，"三无漏学"就是出自这分不散乱之心。

"正定"法，也是教我们要"摄诸散乱"。

"摄"就是专一、统一的意思。大多数的人,心与念都无法统摄在一起,这就是凡夫日常生活中所养成的习气。有时我们念佛,尽管想专心念,但常常在无意中心思早已不知去向。凡夫心念容易散乱,所以要设法将心念收摄住。

我们的心好像一张鱼网,捕鱼时将鱼网抛撒出去,鱼网就会散开。鱼网上方必须要有一个收束的绳索,收网时若能正确地将绳头收束起来,网口自然紧缩,而网中的鱼就不会漏掉。

学佛也是如此,必须有纲领,要学得制服心念的要领,这就叫做"摄"。不论心念多散乱,只要学佛学得正,训练得精熟,自然心念一转,马上就能将散逸的心思收摄回来;这就是"摄"的意思。

学佛者一定要自我训练"摄诸散乱"。心散则神乱,常有人说"神通",立于定才能得到神通,若不定就无法得到神通,佛法中所谓的"六神通",就是不受障碍。

世间障碍,有自障、他障,有内障、外障;使我们行不通就称为障碍。许多人发心修行,却受到很多障碍;有的人因家庭责任障道业,有的则是受到情爱所缚,这就是外在的障碍,也就是"他障"——身外起了障碍。

其实,自己内心的障碍才是最可怕的;外在的魔不必畏惧,最可怕的是内心的魔。我们的心若有散乱疑惑,道自然就行不通了;所以,平时要收摄自己的心念,只要心专、意专、神专,自然能道道皆通。

有人问我:"师父,我最近运气不好,做任何事都不顺心。"我对他说:"放开你的烦恼,常常培养欢喜心;只要常常开心,心开则运通。"与此同理,运不通则事事受到阻碍,运通则四通八达,处处畅行,完全视自己的心态而定。若能时时开心,常常"以佛心为己心",常常念佛,念得佛心是我心,则能以佛心看人,人人皆是佛,而佛就能成就我们;若用鬼心看人,则人人皆是鬼,障碍就会纠缠我们。

有人曾向我说:"我最近事事不如意,去相命问神,说是被五鬼缠身。"五鬼从何处来?鬼是从自己的心生出来的,你若和五个人作对,就有五个鬼在你的心里;你若能以爱心、佛心待人,则不会跟任何人作对。而每一个人也会敬重你,你给人一分爱,人家也会给你一分敬;敬与爱两个字相辅相成;你爱他、他敬你,这是一定的道理。尽管对方以不好的态度来对待你,若能感恩、感谢他,他就是让你成就道业的人。如果他人对你好、对你非常爱护,而自己时时抱着占有之心来对待他,这分占有的爱换一个角度来看,就会变成怨心;如此,被情与爱缠缚住,也是一种障碍,会使人意乱情迷。

动静皆寂为"贤相"

所以,我们一定要摄心于道。收摄散乱的心思,成为统一的心念,就称为"道";若能如此,则"身心寂静"。

我们不与人作对,则事事如意,有句话说:"为人不做亏心事,夜半敲门心不惊。"只要平常不做亏心事,即使走在暗路也不会心生暗鬼。若是与人有恩怨,就会时时提防被人暗算;如果平时以爱待人,则无论走到哪里都能轻松自在、心安身轻,这就称为"轻安",也可以说是"寂静"。

"寂静"就是不浮动,一个浮动不自在的人与一位庄重定静的人相比较,哪一个人可爱呢?定静之人表示他的心态寂定;浮动轻浮之人表示他非常烦躁,心不自在、不静寂。

我们修行学佛,要学得无论何时何地都能定静,让人觉得非常庄重,这就叫"贤相"。因为人的身形动作皆由心所指挥,"富润屋,德润身",德行、心思到什么程度,只要看其身体的行动就能一目了然。所以,身心寂静就是表示一个人德行的成就。

万法本来无所住

"正住真空之理"——我们必须常常住于真空的道理中,看透人间物质之理。学佛要三理透彻——物理、心理、生理。宇宙万物的道理若能看透,则一切皆空。既然透彻三理,还贪求什么名利、色欲呢?世间本来就没有固定的实相,万物只是"名相"而已,因为一切物体都是由"四大和合"而成,四大一分离,则万事皆空。所以,透彻物理的人,就能看开一切物质皆无实相,只有"名相"。

过去教学时,必须利用黑板及粉笔来写字,这是一种教学用具。而现在由于科学进步,已经不需粉笔,改用水笔,水笔有各种颜色,为了衬托出水笔的字体,所以要用"白板"。以前我们常说黑板,已经很习惯,因此现在即使把白板说成黑板,也觉得顺理成章,其实这块板子在我们视觉上是白色的。名字只是一个物体的代名词而已,黑板、白板若以闽南语和国语来称呼,则义同音不同,而英语、日语相差更多。所以说,物质如果有真体实相,那它的名称应该全世界都统一。同样的东西,虽有不同的名称,但是随着个人心灵上的了解,每个人都会去体会这些物质的名称。

所以,分析到最后,什么东西都没有真实的

名相,也没有真实的体相,这就是"空"的道理。

决定不移,是名正定

日常生活中,绝对没有常住不变的东西。例如有一年中秋节,晚上六点多时月亮已升上天空了。明明有月亮,但是被乌云遮盖了,我们抬头望天天无月,是否月亮不见了?事实上,是有月亮的,但是我们却无法看到。

月亮出来之后,大家都说:"啊!月亮真圆啊!"而十七日的月,已经和十五日所见的月不一样了。十五的月很圆,十六日的月更大更圆,但是十七日的月就稍成椭圆形了。到底是月变还是人变?都不是,只是观看的角度不同而已;这是由于地球与月球不停运转而形成的现象。

然而,日升月落,四时嬗替,人有没有变动呢?有的,新陈代谢,不断在生灭啊!一日之中,人的身体就在不停地生灭、延续。一天过去后,我们就已经老了一天、老了二十四小时,这就是"行不住"——生命不住着。因为我们有生、老、病、死,所以学佛一定要学得正住真空之理,要透彻物理、心理与生理。

若能透彻真理,就不会对物质起贪恋心、对名利起贪欲心;若能看透生理,就不会有生死的恐惧。

有一次,虚云老和尚被土匪包围,这些土匪像凶神恶煞一样用利刀架在他的胸前,问他:"你怕死吗?"他安然自在地答道:"我若是注定要死在你的手里,那么,我逃也逃不了,怕也没有用。生命本来就有生与死啊!"

土匪见他如此自在,对生死一点都不畏惧,就松开手说:"好吧!你去吧,我从来没见过这么不怕死的人。"

这就表示这位修行者已经透彻生命的真理,所以不会害怕,能自在安然。

学佛就是要学这些,对物理、真理要透彻,若能如此,就"决定不移,是名正定",我们的心不移动就能静定,心静定则道能通。诸位,学佛就是要学得心定,千万不可起疑心,有正信才能正定,所以要保护自己的心思,使心不散乱,也就是摄诸心念。

结语

学佛的纲领有"三十七助道品",这三十七种修道方法归纳起来就是一个"正"字,如撒出去的鱼网,必须有一个收束网口的绳头,这叫做正确的要领、纲领;多多体会正确的要领,这就是修行。

【附录】

慈济志言

释证严

佛教慈济功德会,秉承佛陀"无缘大慈,同体大悲"之心念,服膺上印下顺上人"为佛教、为众生"之志节,从事济贫教富之志业。

因此,我们的理想是以慈悲喜舍之心,起救苦救难之行,与乐拔苦,缔造清新洁净之慈济世界。

我们的方法是以理事圆融之智慧,力邀天下善士,同耕一方之福田;勤植万蕊心莲,同造爱的社会。

我们的工作是集"慈善、医疗、教育与文化"

四大单元于一炉。而我们的精神是"诚、正、信、实"。我们深信众生平等,人人具有佛性,只要能从慈门入,必能一窥佛门的庄严美妙殿堂;只要能从善门入,富者施之,必能得福而乐;贫者受之,必能得救而安。

人生无常,生命随日俱逝。我们应该把握难得的人生,造善因,得善果,才不致有深入宝山,空手而回之憾。

慈济委员以智慧相结合,以爱心相扶持,以殊胜之因缘携手阔步于菩萨道上。

我们的委员,因为能够"以佛心为己心",故一眼观时千眼观;能够"以师志为己志",故一手动时千手动,闻声救苦,即时解难,何异于观世音菩萨之千手千眼?

"一月普现千江水,千江水月一月摄",佛陀以慈眼视众生,法雨普施,故千山竞秀,何等慈悲，又何等智慧。凡我慈济委员都应以正信、正念，励行慈济善道，以实际之参与，体悟生老病死、成住坏空之真谛，群策群力，共创慈济志业于千秋，同传美誉于世代，给自己留下人生美好的回忆，让子孙以今天我们所做的为荣！

"欲知前世因，今生受者是；欲知来世果，今生做者是。"人身难得今已得，在菩萨道上，我们应该勇猛精进，让爱心充满我们的社会，让我们的社会有善的循环，这才是福慧双修、正信、正念的佛门弟子。

愿与所有的慈济委员共勉之。

图书在版编目(CIP)数据

三十七道品讲义(下)/释证严讲述. —上海：复旦大学出版社,2011.5(2023.6重印)
(证严上人著作·静思法脉丛书)
ISBN 978-7-309-07942-5

Ⅰ.三… Ⅱ.释… Ⅲ.佛教-人生哲学-通俗读物 Ⅳ.B948-49

中国版本图书馆 CIP 数据核字(2011)第 023556 号

原版权所有者：静思人文志业股份有限公司授权复旦大学出版社
独家出版发行简体字版

慈济全球信息网：http://www.tzuchi.org.tw/
静思书轩网址：http://www.jingsi.com.tw/
苏州静思书轩：http://www.jingsi.js.cn/

三十七道品讲义(下)
释证严　讲述
责任编辑/邵　丹

复旦大学出版社有限公司出版发行
上海市国权路 579 号　邮编：200433
网址：fupnet@fudanpress.com　http://www.fudanpress.com
门市零售：86-21-65102580　　团体订购：86-21-65104505
出版部电话：86-21-65642845
上海崇明裕安印刷厂

开本 890×1240　1/32　印张 9.5　字数 92 千
2011 年 5 月第 1 版
2023 年 6 月第 1 版第 7 次印刷
印数 18 101—19 700

ISBN 978-7-309-07942-5/B·385
定价：25.00 元

如有印装质量问题,请向复旦大学出版社有限公司出版部调换。
版权所有　　侵权必究